Biedermeier in Wien

Impressum:
ISBN: 978-3-903113-05-3

echo medienhaus ges.m.b.h.
Media Quarter Marx 3.2
A-1030 Wien, Maria-Jacobi-Gasse 1

Produktion: Ilse Helmreich
Layout: Brigitte Lang
Lektorat: Regina Moshammer
Coverbild: Michael Schmid
Herstellungsort: Wien

Besuchen Sie uns im Internet:
www.echomedia-buch.at

MICHAEL SCHMID

Biedermeier in Wien

Der Kunst- und Kulturführer zur Architektur zwischen 1800 und 1850

Band I

echomedia
BUCHVERLAG

Zum blauen Karpfen
14
Annagasse

Inhalt

◀ Das Haus „Zum blauen Karpfen" ist für ein biedermeierliches Bürgerwohnhaus mit Reliefs und Fassadenmalerei ungewöhnlich reich dekoriert (siehe auch S. 139 f.)

Zum Wiener Biedermeier existiert eine Fülle von Publikationen. Meist werden dabei die Maler jener Zeit vorgestellt, der Lebensstil, die Möbel und Interieurs. Über die Architektur gibt es kaum etwas zu lesen. Der späte Klassizismus in Wien führt noch immer ein Randdasein. Diese Lücke will der vorliegende Kunst- und Kulturführer schließen. Mit zwei Bänden. Denn es gibt noch eine Fülle von Bauten in Wien aus der Zeit zwischen 1800 und 1850. Viele davon sind hochinteressant und äußerst sehenswert.

▲ Pietro Nobiles Theseustempel orientiert sich klar am antiken Vorbild, ist aber dennoch ein eigenständig klassizistischer Bau (siehe auch S. 130 ff.)

Architektonisch bietet das Biedermeier kein geschlossenes Bild. Auch nicht im allgemein recht eng definierten Zeitraum 1815–1848, also zwischen Wiener

Kongress und der bürgerlichen Revolution von 1848. Gebäude des Spätklassizismus entstehen zeitgleich mit Objekten, die formal entweder dem frühen Historismus zuzurechnen sind oder aber Elemente unterschiedlicher Stile aufweisen. Um die Entwicklung der Wiener Architektur der Vormärzzeit und ihre Spielarten besser zu veranschaulichen, wurde als Betrachtungszeitraum die Zeit zwischen 1800 und 1850 gewählt. Natürlich unterlag die Selektion der einzelnen Objekte auch subjekitven Kriterien. Neben der architektonischen und kunsthistorischen Bedeutung war es mir wichtig, die Geschichten hinter den Gebäuden zu ergründen. Nicht immer ist die Quellenlage eindeutig, mitunter wissen wir kaum etwas über die Entstehungsgeschichte, die Eigentümer, die Architekten und Baumeister. Wo immer sich Erzählenswertes und Informatives gefunden hat, habe ich es zusammengetragen. Dies gilt in erster Linie für die Profanbauten. Was die sakralen Gebäude betrifft, also Kirchen, Ka-

▶ Im klassizistischen Nákó-Palais in der schmalen Dorotheergasse befindet sich nun das Jüdische Museum Wien (siehe auch S. 154 ff.)

pellen, Klöster, so habe ich weniger strenge Maßstäbe angelegt. Es gibt nicht allzu viele Gotteshäuser aus jener Zeit in Wien. Daher stellt dieser Führer neben den klassizistischen Neubauten bemerkenswerte Umgestaltungen von Kirchen vor und einige bedeutende Beispiele des Übergangs zum Romantischen Historismus aus den 1840er Jahren.

Wie schon bei den vorangegangenen Kunst- und Kulturführern war es mein Ziel, ein Buch zu verfassen, das man bei ausgedehnten Spaziergängen in die Tasche steckt, um immer wieder Neues in dieser Stadt zu entdecken. Darum habe ich mich bei den Photos für das Buch auch bewusst auf das beschränkt, was alle sehen können. Ich bin nicht in Gebäude gegangen, für deren Betreten es Sondergenehmigungen oder

◀ Im „Haus der Kleidermacher" befindet sich das Museum der Wiener Modemacher (siehe auch S. 163 f.). Zur Terminvereinbarung Besichtigung: Tel.: 01/514 50-2583.

▲ Die Reliefs am Haus „Zur weißen Rose“ aus dem Jahre 1804 am Fleischmarkt 16 sind allegorische Darstellungen der vier Jahreszeiten

spezielle Beziehungen braucht. So gesehen ist dies ein sehr demokratischer Kunst- und Kulturführer.

Der erste Band „Biedermeier in Wien. Architektur zwischen 1800 und 1850“ präsentiert die sakralen Gebäude Wiens und die Profanbauten des ersten Bezirks. Der zweite Band stellt dann neben den wichtigen Profanbauten der übrigen Bezirke auch die Denkmäler und Grünanlagen jener Zeit vor.

Ich wünsche Ihnen spannende Entdeckungsreisen zur nach meinem Dafürhalten noch zu wenig gewürdigten Architektur einer hochinteressanten Epoche in Wien.

Anmerkungen zu einer Epoche

Die erste Hälfte des 19. Jahrhunderts war eine widersprüchliche Epoche. Kunstgeschichtlich wie politisch und gesellschaftlich. Die Zeit zwischen dem Wiener Kongress 1815 und der missglückten bürgerlichen Revolution von 1848 wird im deutschsprachigen Raum meist als Biedermeier oder Vormärz bezeichnet. Das Biedermeier als kunsthistorische Konnotation, der Vormärz als politische.

Die Eingrenzung auf den Zeitraum zwischen 1815 und 1848 erscheint etwas willkürlich. Sowohl aus politischer Sicht als auch in der kunsthistorischen Betrachtung. Natürlich stellt das Ende der Napoleonischen Kriege und die Neuordnung Europas auf dem Wiener Kongress eine Zäsur in der europäischen Geschichte dar. Doch was Österreich betrifft, so lässt sich bereits mit der Übernahme der Herrschaft durch Kaiser Franz II. (später Franz I.) eine grundlegende Änderung in der Politik feststellen. Joseph II., der Onkel Franz' II., war von den Ideen der Aufklärung beeinflusst gewesen und bestrebt, dem Land gesellschaftlichen Fortschritt zu bringen. Dieser Fortschritt war zwar stark vom Wollen und den Vorstellungen eines noch immer absolutistisch agierenden Regenten geprägt, aber selbst in der Nachbetrachtung über zweihundert Jahre später sind viele Maßnahmen Josephs

▲ Diese Originallithographie von Joseph Trentsensky zeigt den Blick vom Schwarzenbergpalais aus über das Glacis auf das biedermeierliche Wien. Links im Bild die barocke Karlskirche.

fraglos als gesellschaftspolitischer Fortschritt zu sehen, wie die Aufhebung der Leibeigenschaft, die Abschaffung der Folter oder die Toleranzpatente. Nach dem kurzen Intermezzo Leopolds II., dessen früher Tod keine valide Beurteilung seiner Regentschaft zulässt, kommt mit Franz II. ein Herrscher auf den Thron, dessen Politik eine durchgehend konservativ-restaurative ist. Die wohl deutlichste Schilderung des Zustandes der Monarchie unter Kaiser Franz stammt aus der Feder des nach Amerika ausgewanderten Carl Postl, der unter dem Pseudonym Charles Sealsfield eine Reihe von Abenteuerromanen und Abhandlungen über die Vereinigten Staaten geschrieben hat.

▲ Im Thronsaal (Lünettenfenster) des fünfachsigen Montoyer-Trakts der Hofburg wurden während des Wiener Kongresses wichtige, große Empfänge abgehalten (siehe auch S. 100)

1828 zeichnet er mit „Austria as it is" ein schonungsloses Bild seiner ehemaligen Heimat. Darin schildert er ohne jede Rücksicht auf mögliche Folgen für sich selbst – die deutsche Version wurde nach ihrem Erscheinen 1834 sofort verboten, erst 1919 gab es eine Neuauflage – die Zustände im autoritären Spitzelstaat Franz' I. und Metternichs in all ihren Auswirkungen bis hin zu den wirtschaftlichen Problemen. Zugleich weist Sealsfield auf das prosperierende und vergleichsweise freie Leben während der Herrschaft Josephs II. hin: „There was never a secret police before, and Joseph II. being informed of a placard fixed on the Castel walls, rather too high to be legible, caused it to be placed under the very eyes of his subjects. The Government was far from being a despotic one." In der Ära Franz I. und seines Staatskanzlers Clemens Metternich indes hatte sich laut Sealsfield die Gesellschaft in ein Volk von Vernaderern und Geheimspitzeln („nadlers or pinners") verwandelt. Kaum ein Wort könne gesprochen werden, ohne dass

▲ Auch nach den Kirchenreformen Josephs II. blieb Österreich ein zutiefst katholisches Land

es nicht die Geheimpolizei erführe, konstatiert Sealsfield. Darüber hinaus habe die Regierung alles getan, um ihr Volk von ernsthafter oder intellektueller Betätigung fernzuhalten, sodass der Prater, das Glacis, das Leopoldstädter Theater das Einzige seien, woran die Menschen denken könnten oder was sie sich wünschen würden. Und um sich diese Vergnügungen leisten zu können, würden sie auch gern als Spitzel arbeiten. Bei Sealsfield liest sich das dann so: „And if they cannot accomplish this by honourable means, they enlist among the ten thousand nadlers, from whom they receive their weekly ducat."

Über das repressive System Metternichs und Franz' I. sind schon viele Bücher und wissenschaftliche Arbeiten verfasst worden. Hier sei zur Illustration der nahezu paranoiden Züge des Regimes noch ein Beispiel aus der Wirtschaftspolitik angeführt. Die aufstrebende österreichische Industrie hatte in jener Zeit mit einer Fülle von Behinderungen zu kämpfen. So hielt die Regierung weiterhin am Prinzip der obrigkeitlichen

▶ Das massive, blockartige, an drei Seiten freistehende Gebäude in der Zeismannsbrunngasse ist mit seinen additiven Fensterreihungen beispielhaft für ein spätbiedermeierliches Miethaus

Grundherrschaft fest, was die Akkumulation von Kapital erschwerte. Als massives Handelshemmnis erwies sich die Aufrechterhaltung der Zollgrenzen innerhalb der Monarchie. Darüber hinaus wurde eine Reihe von Gesetzen erlassen, die das Ziel verfolgten, das Entstehen und vor allem die Konzentration eines industriellen Proletariats zu verhindern. Speziell in Wien war es innerhalb der Linie schwierig, anders als handwerklich zu fertigen. So gab es beispielsweise die Auflage, bei der Neuerrichtung von Fabriken zugleich die nötigen Arbeiterwohnungen mitzubauen. In den Wiener Vorstädten bei limitiertem Flächenangebot fraglos kein einfaches Unterfangen. Die Beschränkungen wurden den Unternehmern jedoch nicht auferlegt, um die Situation der in der Industrie Beschäftigten zu verbessern. Der Grund lag in der Furcht der Regierung, dass mit Industrieagglomerationen

▼ Das Haus „Zur grünen Raith-Tafel" in der schmalen Blutgasse ist ein schlicht fassadiertes Biedermeier-Mietshaus aus dem Jahre 1819

▲ Im Übergang zum Romantischen Historismus in den 1840er Jahren wird das Fassadendekor verspielter. Hier mit Ranken und allegorischen Puttenmedaillons am Haus Strobelgasse 2 von Leopold Mayr.

zugleich auch ein revolutionäres Potential entstehen könnte, das sich zu einer Gefahr für die Monarchie entwickeln würde. Dies sollte mit allen Mitteln verhindert werden.

Die Kunst jener Zeit ist durch die Suche nach neuen Ausdrucksformen und die Existenz von Parallelwelten gekennzeichnet. Klassik, Romantik, Klassizismus, Romantischer Historismus, Biedermeier. All diese Zuschreibungen finden sich in der Kunst zwischen 1800 und 1850. Das Biedermeier ist ein artifizieller Begriff, der in der ersten Hälfte des 19. Jahrhunderts noch gar nicht existierte. Der Arzt Adolf Kußmaul führte den Namen gemeinsam mit seinem Freund und Heidelberger Korpsbruder Ludwig Eichrodt in die Literatur ein. Zufällig war Kußmaul auf ein Büchlein mit Gedichten des Dorflehrers Samuel Friedrich Sauters gestoßen. Schon der umständliche Titel ließ auf spezielle Dichtkunst schließen: „Samuel Friedrich Sauters, des alten Dorfschulmeisters, welcher anfänglich in Flehingen dann in Zaisenhausen war und als Pensionär wieder in Flehingen wohnt, sämmtliche Gedichte. Mit zwei Abbildungen. Auf Kosten des Verfassers. Karlsruhe, bei Kreuzbauer und Hasper in Kommission gegeben. 1845. 1 Thaler“. Die Reime des wohl nicht übertrieben talentierten Schulmanns inspirierten Kußmaul und Eichrodt dazu, in den 1850er Jahren satirische Gedichte zu veröffentlichen, in denen ein Bürger namens „Biedermaier“ eine wichtige Rolle spielt. Biedermaier als Verknüpfung der Spottfiguren Biedermann und Bummelmaier. Aus Biedermaier wurde in der Folge Biedermeier. Als Synonym für Lebensstil und Kunst einer Epoche beginnt sich der Begriff Biedermeier ab den 1880er Jahren zu etablieren. Mittlerweile ist im deutschen Sprachraum Biedermeier in erster Linie eine Stilzuschreibung für die bilden-

▲ Kleine Tischchen, Uhren, Statuetten: Im Biedermeier wurde viel Wert aufs Häusliche gelegt

◀ Die Wiener Möbeltischler des Biedermeier hatten einen guten Ruf. Sitzmöbel wie dieses Sofa wurden in unzähligen Varianten gefertigt. Bei Danhauser konnte man aus dem Katalog bestellen.

▶ Das Geymüllerschlössl (siehe Band 2) ist der Prototyp einer großbürgerlichen Wiener Villa und mittlerweile ein in der warmen Jahreszeit geöffnetes Museum

de Kunst und das Kunsthandwerk, wird aber auch in der Architektur und der Literatur verwendet. In der Musik wird entweder von der Klassik oder schon der Romantik gesprochen. Der Begriff Romantik findet sich häufig in Zuschreibungen zu literarischen Werken und solchen der bildenden Kunst.

In der Architektur Wiens ist Spätklassizismus mitunter die präzisere Definition als Biedermeier. Allerdings weisen einfache biedermeierliche Wohnhäuser, speziell die in jener Zeit entstandenen ersten großen Zinshäuser, selten klassizistische Merkmale auf (siehe auch S. 76 ff.). Gegen Ende der Epoche werden die Übergänge zum Romantischen Historismus fließend. In diesem Führer werden daher auch einige Sakralbauten vorgestellt, die schon dem Romantischen Historismus zuzurechnen sind. Der Romantische Historismus zeichnet sich durch vielfältige Referenzen an die Stile vorangegangener Epochen aus. Da gibt es romanische, gotische, klassizistische Elemente, florales Dekor wird eingesetzt. Noch wird meist sparsam mit der Verwendung von Zierrat umgegangen. Eine Ausnahme sind malerische Ausstattungen von sakralen

◀ Das klassizistische Toleranzhaus am Fleischmarkt wurde von Ernst Koch für den griechischen Kaufmann Christoph Nákó um 1830 erbaut. Nákó ließ eine an Joseph II. erinnernde Inschrift anbringen.

Innenräumen, wie beispielsweise bei der Altlerchenfelder Kirche (siehe auch S. 56 ff.).

Dem späten Klassizismus in Wien ging Ende des 18. Jahrhunderts eine speziell Wienerische Spielart des Barockklassizismus voraus: der Josephinismus. Im Gegensatz zu zeitgleich entstandenen Rokokobauten andernorts sind josephinische Gebäude weniger verspielt, ganz als hätte das späte Barock kurz innegehalten und statt sich mit zusätzlichem Dekor zu schmücken etwas von seiner Üppigkeit abgelegt. Dieser Wienerische Barockklassizismus mag als Vorläufer der klassizistischen Gebäude in Wien gelten. Gemeinsam ist diesen allen eine gewisse gestalterische Zurückhaltung. Weniger prächtig, weniger repräsentativ, weniger opulent als in anderen Ländern Europas oder auch in den USA zeigt man sich in Wien (siehe auch ab S. 84 ff.). Speziell zwischen 1800 und 1815 ist die Monarchie wirtschaftlich angeschlagen. Die Folgen der Napoleonischen Kriege und der zweimalige Staatsbankrott haben ihre Auswirkungen auf

▲ Das Banco-Gebäude in der Herrengasse (siehe auch S. 122 ff.) ist Charles Moreaus wichtigstes Spätwerk

die Bautätigkeit in Wien. Oft gibt der Sparstift den Architekten und Baumeistern die Rahmenbedingungen vor. Mitunter muss man zweimal hinschauen, um die Qualitäten mancher Bauten zu erkennen. Diese sind zweifellos vorhanden. Die wichtigsten Architekten jener Zeit wussten auch mit knappen Budgets umzugehen. Fünf Namen sind dabei besonders hervorzuheben: Louis Montoyer, Charles Moreau, Luigi Pichl, Pietro Nobile und ganz besonders Josef Kornhäusel, dessen Stil das Bauen der gesamten Epoche entscheidend mitgeprägt hat. Lange wurde um die Gebäude aus der ersten Hälfte des 19. Jahrhunderts wenig Aufhebens gemacht. Oft wurde sehr nachlässig mit diesem Kulturerbe umgegangen. Viele interessante Gebäude sind bis ins späte 20. Jahrhundert abgerissen worden, um profitableren Neubauten Platz zu machen. Und noch immer sind klassizistische Bauten in Wien gefährdet. Höchste Zeit, die Baukunst jener Zeit wiederzuentdecken. Mit diesem Buch in der Hand auf Spaziergängen durch den ersten Bezirk und zu den in ganz Wien verstreuten Sakralbauten.

▶ In der Weihburggasse – hier das schmale Haus Nr. 15 „Zum goldenen Engel" von Jakob Hainz aus dem Jahre 1829 – ist eine ganze Reihe von biedermeierlichen Bürgerhäusern erhalten geblieben

Sakrale Architektur

Nach der Blüte des barocken Kirchenbaus lässt die sakrale Bautätigkeit in Wien zwischen 1800 und 1850 deutlich nach. Während in Paris die Église de la Madeleine, in Potsdam Karl Friedrich Schinkels Nikolaikirche, in Helsinki der neue Dom und in Esztergom eine riesige Kathedrale entsteht, ist man in Wien eher zurückhaltend. Vielleicht sind es die Nachwehen der josephinischen Kirchenreform, vielleicht ist es die schlechte wirtschaftliche Lage zu Beginn des 19. Jahrhunderts, die im sakralen Bauwesen den Sparstift regieren lassen. So gibt es in Wien vornehmlich Umgestaltungen und Ergänzungen bestehender Kirchen- und Klostergebäude.

Lediglich zwei Neubauten nach 1800 sind klar als klassizistische Kirchen erkennbar: die Inzersdorfer Pfarrkirche und die griechisch-orthodoxe Kirche in der Innenstadt. Die Döblinger St.-Pauls-Kirche ist stilistisch etwas schwerer einzuordnen. Biedermeierlich-klassizistisch mag wohl zutreffend sein. Eine Sonderstellung nimmt der jüdische Stadttempel in der Seitenstettengasse ein, der fassadenlos an ein klassizistisches Mietshaus angeschlossen wurde und von der Straße aus nicht gesehen werden kann.

Vor 1800, nämlich 1783/84, entstand die Evangelisch-Reformierte Stadtkirche helvetischen Bekenntnisses

▲ Die monumentale Statue des hl. Augustinus vor der Altmannsdorfer Kirche auf dem Khleslplatz (1723) stammt im Gegensatz zum spätklassizistischen Kirchenbau aus dem Hochbarock (siehe auch S. 21)

nach Plänen von Gottlieb Nigelli. Sie gilt als bedeutendster klassizistischer Sakralraum Wiens. Weitgehend im Original erhalten ist der Innenraum. Die Fassade wurde 1887 im neobarocken Stil umgestaltet.

Die zwischen 1830 und 1850 errichteten Wiener Kirchenbauten sind tendenziell schon dem Romantischen Historismus zuzurechnen, wiewohl in dieser Übergangsphase Stilelemente aus dem Klassizismus wie Zitate aus vorhergehenden Epochen durchaus üblich sind. Deutlich ist die Hinwendung zur Formensprache des Historismus in der Gustav-Adolf-Kirche (S. 53 ff.) und der Altlerchenfelder Kirche (S. 56 ff.) erkennbar.

Augustinerkirche. Kenotaph für Erzherzogin Marie-Christine (1800–1805)

1010 Wien, Augustinerstraße 3

Seit rund 1260 gibt es Augustiner in Wien. Sie siedelten sich anfangs im Oberen Werd an, also in der Gegend zwischen dem heutigen Morzinplatz und der Spittelau nahe dem Donauarm (Donaukanal). Ab 1266 ist dort ein Kloster nachgewiesen. Das heutige Areal der Augustinerkirche und des Augustinerklosters geht auf eine Stiftung Herzog Friedrichs des Schönen zurück, der damit ein Gelübde einlöste. Die Kirche, die älteste bestehende Bettelordenkirche Wiens, ist im Wesentlichen ein dreischiffiger gotischer Hallenbau. Der markante fünfjochige Langchor ist deutlich höher als das Hauptschiff. Die Augustinerkirche erfuhr im Laufe der Jahrhunderte mehrere Veränderungen. Bemerkenswert ist die Regotisierung noch im ausgehenden Barock (1784) unter der Ägide Johann Ferdinand

◀ Erzherzogin Marie Christine, für die Antonio Canova das Kenotaph in der Augustinerkirche geschaffen hat, begründete gemeinsam mit ihrem Mann Herzog Albert die Sammlung Albertina (siehe auch S. 87 ff.)

▲ Nur wenige klassizistische Monumentalplastiken erreichen die Qualität dieses Canova-Werks. Die beiden Bilder zeigen die urnentragende Tugend und den kleinen allegorischen Trauerkondukt.

Hetzendorfs von Hohenberg. Hetzendorf von Hohenberg war ein vielbeschäftigter Baumeister, der unter anderem die Gloriette im Schönbrunner Schlosspark, die Lichtentaler Kirche sowie die Ausstattungen des Schönbrunner Schlosstheaters und der Redoutensäle plante. Die Augustinerkirche ist für den österreichischen Hochadel als Grablege von erheblicher Bedeutung. Eine Vielzahl von Angehörigen einflussreicher Familien hat hier ihre letzte Ruhestätte gefunden. In einer eigenen Kammer unter der Loretokapelle ist auch die Herzgruft der Habsburger untergebracht. Das bei weitem bedeutendste klassizistische Grabmal allerdings ist das Kenotaph für Erzherzogin Marie Christine, das von Antonio Canova zwischen 1800 und 1805 geschaffen wurde. Es wurde vollständig in Marmor ausgeführt und an der rechten Kirchenwand aufgestellt. Marie Christine soll die Lieblingstochter Maria Theresias gewesen sein und war mit

Herzog Albert von Sachsen-Teschen verheiratet. Das Kenotaph – Marie Christine ist in der Kapuzinergruft bestattet – ist eine rund fünf Meter hohe, flache Wandpyramide, die über einen Wanddurchbruch die Illusion eines Grabkammerzugangs hervorruft. Ein Trauerzug aus allegorischen Figuren bewegt sich vom linken Rand aus in Richtung der Grabkammerntür. Vorweg geht die von zwei Mädchen begleitete Tugend, die eine Aschenurne in Händen hält. Ihr folgt die Barmherzigkeit, die einen gebückten Greis an der Hand führt, dem wiederum ein Knabe das Geleit gibt. Auf der rechten Seite des Eingangs liegt ein geflügelter Genius, der sich an einen Habsburgerlöwen anlehnt. Über dem Eingangssturz ist ein von einer Schlange (Symbol der Ewigkeit) eingefasstes Bildnismedaillon der Verstorbenen angebracht, das von einer schwebenden Halbrelieffigur der Glückseligkeit gehalten wird. Ein ebenfalls schwebender Putto mit Palmwedel sorgt für die nötige Symmetrie. Das Kenotaph für Marie Christine gilt als Vorbild für Canovas eigenes Grabmal, das von seinen Schülern für ihn in der Frarikirche in Venedig errichtet wurde. Auffällig ist hier wie dort das völlige Fehlen christlicher Symbole.

▲ Baumeister Franz Wipplinger widmete bei der Fassadengestaltung der Kirche zum Hl. Georg selbst kleinen dekorativen Details außergewöhnlich viel Aufmerksamkeit

Griechisch-orthodoxe Kirche zum Hl. Georg (1803–1806)

1010 Wien, Griechengasse 5, Ecke Hafnersteig

Die Griechisch-Orthodoxe Kirche zum Hl. Georg ist eine der beiden eindeutig klassizistischen Wiener Kirchen. Die Pläne für den Bau in der Griechengasse stammen von Franz Wipplinger. 1898 führte der

▲ Die typisch klassizistischen, mit Engelsköpfen verzierten Attikavasen sind noch im Original erhalten

bedeutende Ringstraßenarchitekt Ludwig Tischler Renovierungsarbeiten durch, die in erster Linie vom Industriellen und Mäzen Nikolaus Dumba finanziert wurden. Damals erhielt die Kirche auch ihren Glockenturm. Vom klassizistischen Original sind die dreigeschoßige und dreiachsige Fassade mit ihren ionischen Kolossalpilastern und dem Dreiecksgiebel am Hafnersteig sowie die zweigeschoßige Fassade mit rustizierten Pilastern zur Griechengasse hin erhalten. Die Eisenplattentür stammt ebenfalls aus dem Klassizismus. Das Giebelrelief, das den heiligen Georg zeigt, wurde indes erst 1898 eingefügt. Im Inneren ist die klassizistische Ikonostasis aus der Erbauungszeit, die mit einem reichhaltigen Bilderzyklus versehene Holztrennwand zwischen Kirchenschiff und Altarraum, von besonderer Bedeutung. Sie ist die einzige dieser Art in Österreich und von erheblichem künstlerischem Wert.

▶ Der Steilabfall zum Donaukanal hin machte eine deutliche Differenzierung zwischen der Fassadengestaltung am Hafnersteig und derjenigen an der Griechengasse notwendig

Malteserkirche. Fassade

(1806–1808)

1010 Wien, Kärntner Straße 37

Die Malteserkirche ist im Kern eine gotische Kirche. Der aktuelle Bau stammt aus dem zweiten Viertel des 14. Jahrhunderts. 1806 veranlasste Frater Franz Colloredo eine klassizistische Umgestaltung, die vor allem die Fassade und die Inneneinrichtung betraf. Der Kirche wurde dabei eine vierachsige Tempelfront vorgeblendet. Besonders auffällig sind dabei die über einem glatten Sockel aufragenden vier kannelierten Kompositpilaster mit dem unmittelbar darüberliegenden Giebelfeld. Dessen Relief zeigt die Taufe Christi. Die Felder zwischen den Pilastern werden durch ein Reliefband im oberen Drittel nochmals unterteilt und sind mit unterschiedlichen Dekorelementen (Rosetten,

▼ Die klassizistische Umgestaltung der ursprünglich gotischen Malteserkirche wird je nach Quellenlage entweder Louis Montoyer oder Ferdinand Pichl, dem Bruder Luigi Pichls, zugeschrieben

▶ Klassizistisches Kenotaph für Jean IV. Parissot de la Valette und barockes Hauptaltarbild von Johann Georg Schmidt, genannt der „Wiener Schmidt"

Palmwedel etc.) versehen. Ein Malteserkreuzrelief wurde mittig über dem Portal placiert. Im Inneren der Kirche fallen das monumentale barocke Hochaltarbild (Christi Taufe) von Johann Georg Schmidt, auch Wiener Schmidt genannt, und das klassizistische Epitaph von 1806 aus Stuckmarmor und Marmor an der linken Kirchenwand ins Auge. Letzteres ist Jean IV. Parisot de la Valette, dem Verteidiger von La Valetta und Großmeister des Malteserordens um die Mittte des 16. Jahrhunderts, gewidmet. Die Holzmarmorkanzel auf der rechten Seite kennzeichnen gerade Linien und nüchterne Strenge. Typisch klassizistisch ist auch das tempelförmige, von zwei knieenden Engeln flankierte Tabernakel.

Malteserkloster (1837–1839)

1010 Wien, Johannesgasse 2, Ecke Kärntner Straße

Rund dreißig Jahre nach der Neugestaltung der Kirche erweiterte der Malteserorden seinen Gebäudekomplex um ein Kommendehaus, dessen Gestaltung bei Luigi Pichl in Auftrag gegeben wurde. Die Kom-

menden, auch Komtureien genannt, waren die Niederlassungen der Ritterorden. Ursprünglich stammt der Begriff aus dem Kirchenrecht und bedeutet, dass eine kirchliche Pfründe treuhänderisch an eine dritte Person weitergegeben wird. Das Kommendehaus in der Johannesgasse gilt als biedermeierliches Zinshaus mit klassizistischer Fassade. Der Orden musste das Haus 1933 verkaufen, behielt aber ein Nutzungsrecht.

▲ Das von Luigi Pichl entworfene Kommendehaus des Malteserordens ist ein hervorragendes Beispiel für ein großzügig gestaltetes Wiener Biedermeierzinshaus mit repräsentativer klassizistischer Fassade

Kirche am Hof. Klassizistisches Presbyterium (1816)

1010 Wien, Am Hof

Die Kirche am Hof hat eine wechselvolle Geschichte aufzuweisen. Ab etwa 1155 stand an dieser Stelle eine babenbergische Pfalz. Um 1280 wurde die landesfürstliche Münze mit angeschlossener Andachtskapelle eingerichtet. Nach dem verheerenden Brand des alten

▲ Von diesem Balkon der Kirche am Hof aus ließ Kaiser Franz II. am 6. August 1806 nach massivem Druck Frankreichs das Ende des Heiligen Römischen Reiches verkünden

Karmeliterklosters vor dem Werdertor 1364 übergab Herzog Albrecht III. den Gebäudekomplex den Karmelitern, die anstelle des romanischen Münzhofes eine hochgotische Hallenkirche errichteten (1386 bis ca. 1420). Im Laufe der Jahrhunderte wechselte das Gotteshaus mehrfach die Besitzer. Zweimal war es die Kirche der Jesuiten. Nun gehört es zur Erzdiözese Wien. Dem gotischen Baukörper wurde im 17. Jahrhundert eine viergeschoßige und siebenachsige frühbarocke Fassade vorgeblendet. Besonders auffällig ist die Staffelung der einzelnen Fassadenteile mit einem zurückgesetzten Mitteltrakt. Zwischen den beiden vorspringenden Seitentrakten befindet sich über der eingeschoßigen Vorhalle eine dreiachsige Terrasse. Von dieser Terrasse aus erteilte Papst Pius VI. anlässlich der Ostermesse am 31. März 1782 den Segen „urbi et orbi". Es war dies der erste Besuch eines Papstes in Wien. Am 6. August 1806 verkündeten von derselben Terrasse aus die Herolde des Kaisers Franz I. das Ende des Heiligen Römischen Reiches Deutscher Nation.

Im Inneren der Kirche ist die gotische Grundkonstruktion zwar klar zu erkennen. Allerdings wurde im 17. Jahrhundert eine Fülle barocker Gestaltungselemente, wie korinthische Kapitelle an den Pfeilern oder reiches Stuckdeckor an den Seitenkapellen, hinzugefügt. Aus dem Klassizismus stammt die Umgestaltung des Presbyteriums. Marmorierte Stuckpilaster mit vergoldeten korinthischen Kapitellen gliedern die Seitenwände, der $^{5}/_{8}$-Schluss wurde gerundet und mit rechteckigen Fenstern versehen. Überwölbt wird der Langchor von einer kassettierten Holztonne mit vergoldeten Holzrosetten in Stuckkassetten. Von der klassizistischen Einrichtung sind die Kreuzigungsgruppe auf dem Kreuzaltar und die Engelskulpturen auf dem Marienaltar, beide von Josef Käßmann (1816), sowie das Tabernakel in Form eines griechischen Tempels (1816) gesondert zu erwähnen.

▶ Mehrarmige Leuchter zieren die Podeste auf der zweiten Galerie der Synagoge

◀ Der vielbeschäftigte Anton Hoppe entwarf vornehmlich biedermeierliche Mietshäuser. Die Fassade des Redemptoristenklosters wurde von ihm mit großer Zurückhaltung gestaltet.

Redemptoristenkloster

(1823–1826)

1010 Wien, Salvatorgasse 12

Der ursprünglich barocke Klosterbau des Redemptoristenkollegiums wurde 1830/31 nach Plänen von Anton Hoppe neu gestaltet. Die schlicht gehaltene Fassade erfährt ihre Gliederung über die Fenster und ein Kordongesims zur Salvatorgasse hin. Das Portal weist eine Pilasterrahmung auf. In der Erdgeschoßzone gibt es Fenster mit Dreieicksgibelverdachung und Volutenkonsolen. Die Fassade zu Maria am Gestade ist gänzlich schmucklos. Im Kloster wird ein Tafelbild von Leopold Kupelwieser aufbewahrt, das den Ordensgründer Alfons Maria de Liguori zeigt. Die Reliquien des ersten österreichischen Redemptoristen und Wiener Stadtpatrons Clemens Maria Hofbauer befinden sich in einem neogotischen Schrein in der Clemenskapelle der Kirche Maria am Gestade. Die ebenfalls neugotische Kanzel des Gotteshauses stammt aus dem Jahre 1820 und ist damit eines der frühesten Beispiele der Neogotik in Wien.

Synagoge (auch Stadttempel)

(1825–1826)

1010 Wien, Seitenstettengasse 4

Die Geschichte des Wiener Judentums zwischen den 1620er Jahren und dem Ende des 18. Jahrhunderts ist von starken Kontrasten geprägt. Kaiser Ferdinand II. hatte 1624 noch die jüdische Siedlung im Werd errichten lassen und damit einen jüdischen Zustrom nach Wien ermöglicht. Dies wohl nicht zuletzt, um durch diesen Zuzug auch neue Geldgeber für die steigenden Ausgaben im Zuge des Dreißigjährigen Krieges zu finden. Mit dessen Ende 1648 war es auch mit der kaiserlichen Toleranz vorbei. Kaiser Leopold I. ließ 1669–1671 Wiener und niederösterreichische Juden sogar ausweisen. Die leeren habsburgischen Kassen erforderten aber schon in den 1670er Jahren eine Änderung dieser Politik. Besonders vermögende Juden durften sich als Hofjuden oder Hoffaktoren wieder in Wien ansiedeln. Ihre rechtliche Stellung allerdings blieb prekär. Sie durften keine Immobilien erwerben und waren unterschiedlichsten Schikanen ausgesetzt. So mussten sie an Sonn- und Feiertagen bis zehn Uhr vormittags zu Hause bleiben und durften sich nicht in der Öffentlichkeit zeigen. Auch unter Karl VI. und Maria Theresia änderte sich diese Lage nicht. Erst mit

▶ Die zur Eröffnung der Synagoge über dem Portal im Inneren des Hauses angebrachte Ehrentafel für Kaiser Franz I. ist noch im Original erhalten

Joseph II., der vom Geiste der Aufklärung geleitet war, gab es eine massive Verbesserung. Nach dem Erlass des protestantischen Toleranzpatentes am 13. Oktober 1781 folgte am 2. Jänner 1782 ein Toleranzpatent für die Angehörigen des jüdischen Glaubens in Wien und Niederösterreich. Joseph verfolgte mit seinen Toleranzpatenten zwei Ziele. Zum einen lag ihm daran, die Ruhe und Ordnung im Staate zu sichern. Dazu diente auch eine staatliche Aufsicht über alle Religionen. Zum anderen hatte Joseph II. eindeutig wirtschaftspolitische Absichten. Er wollte die ökonomischen Aktivitäten seiner Untertanen und Untertaninnen fördern. In der Einleitung zum Patent von 1782 kommt dies klar zum Ausdruck. „Von Antretung Unserer Regierung an haben Wir es einen Unserer vorzüglichsten Augenmerke seyn lassen, daß alle Unsere Unterthanen ohne Unterschied der Nazion und Religion, sobald sie in Unseren Staaten

◀ Von der Gasse aus durfte nicht erkennbar sein, dass sich hier ein jüdischer Sakralbau befand. Josef Kornhäusel stellte daher ein klassizistisches Mietshaus vor den Stadttempel.

aufgenommen und geduldet sind, an dem öffentlichen Wohlstande, den Wir durch Unsere Sorgfalt zu vergrößern wünschen, gemeinschaftlichen Antheil nehmen, eine gesetzmäßig Freyheit genießen und auf jedem ehrbaren Wege zu Erwerbung ihres Unterhaltes und Vergrößerung der allgemeinen Aemsigkeit kein Hindernis finden sollten." Vor allem die „Aemsigkeit" war Joseph bei den Mitgliedern der jüdischen Gemeinschaft ein Anliegen, denn allzu große Freizügigkeit in religiösen und gesellschaftlichen Angelegenheiten wurde ihnen nicht gewährt. Sie konnten keine Gemeinschaften bilden, keine Synagogen errichten, keine öffentlichen Gottesdienste abhalten. Auch die Niederlassung war streng geregelt. So konnten sie sich „auf dem offenen Lande in Niederösterreich" nur dann ansiedeln, wenn sie „eine Fabrick errichten oder sonst ein nützliches Gewerb einführen wollten". Allerdings gab es bei aller Diskriminierung nun erstmals gesetzliche Grundlagen, auf Basis derer Juden vor allem wirtschaftlich agieren konnten. Das war ganz im Sinne Josephs II., der unverblümt erklärte, worum es ihm ging, nämlich „die jüdische Nazion hauptsächlich durch bessere Unter-

▶ Kornhäusels Wiener Stadttempel ist eine der wenigen noch erhaltenen klassizistischen Synagogen. Im linken Bild oben sind die Gesetzestafeln zu sehen.

◀ Bei der Innengestaltung bediente sich Kornhäusel in Ermangelung passender Wiener Synagogen-Vorbilder beim klassizistischen Formenkanon und schuf so einen einzigartigen Raum

richtung und Aufklärung ihrer Jugend und durch Verwendung auf Wissenschaften, Künste und Handwerke dem Staate nützlicher und brauchbarer zu machen." So konnten Juden nun eigene Schulen betreiben oder christliche – auch höhere – Schulen besuchen. Während orthodoxe Juden diese Entwicklung kritisch betrachteten, nutzten fortschrittliche und dem Geist der Aufklärung zugewandte Juden umgehend die neuen Möglichkeiten. Die Grundlage für die große Bedeutung der jüdischen Geschäftsleute und Industriellen für den wirtschaftlichen Aufschwung Österreich-Ungarns in der zweiten Hälfte des 19. Jahrhunderts.

Nach Josephs Tod übernahmen restaurative Kräfte die Herrschaft. Kaiser Franz II. (später Franz I.)

war kein Freund der Aufklärung. Es wurde ein eigenes Judenamt eingeführt, das ab 1797 der „Polizei=Ober=Direction" unterstand. Allerdings erlaubte Franz II. 1792 die Wahl einer Vertretung der Wiener Judenschaft. Davon profitierten vor allem die Mitglieder der wohlhabenderen und aufgeklärten Familien. Eine besondere Rolle unter den reformorientierten Juden spielte der aus Pressburg stammende Juwelier und Kaufmann Michael Lazar Biedermann. Biedermann engagierte sich stark in der jüdischen Gemeinschaft Wiens. 1806 wurde er in die Vertretung gewählt, bereits ein Jahr darauf ließ er einen Siechenfonds gründen. 1814 wurde unter seiner Ägide – gegen einigen Widerstand der Regierung – der Pempflingerhof, ein Gebäudekomplex auf dem Katzensteig, erworben. Aus einem Teil des Katzensteigs wurde später die Seitenstettengasse. Der Pempflingerhof wurde kurz nach dem Erwerb für baufällig erklärt, um solcherart die Genehmigung für die Errichtung einer Synagoge zu ermöglichen. Die Genehmigung für diesen Synagogenbau zog sich allerdings einige Zeit hin. Sie wurde schlussendlich mit der Auflage erteilt, dass der neue Stadttempel als solcher von außen nicht erkennbar sein dürfe. Eine Einschränkung, die sich rund 114 Jahre nach Fertigstellung der Synagoge noch als nützlich erweisen sollte. Weil die Synagoge unmittelbar mit Wohnhäusern verbunden ist, blieb sie in den Novemberpogromen 1938 verschont. Ihre Zerstörung hätte die gesamte Bebauung in der Seitenstettengasse in Mitleidenschaft gezogen. So blieb der Bau erhalten und wurde bis zur Rückgabe an die Israelitische Kultusgemeinde als Lagerraum genutzt.

Der Pempflingerhof wurde 1824 abgerissen. Nach Plänen von Josef Kornhäusel entstand in nur viermona-

◀ Dekorative Elemente wurden bei der Gestaltung der Hausfassade vor der Synagoge eher sparsam eingesetzt. Bemerkenswert ist der schmale Mäanderfries der Sockelzone.

tiger Bauzeit die Synagoge. Die Grundsteinlegung erfolgte am 12. Dezember 1825, die Eröffnung fand am 9. April 1826 statt. Der jüdische Stadttempel wurde ohne eigene Außenfassade direkt an das Mietshaus Seitenstettengasse 4 gestellt, sodass er von der Straße aus nicht wirklich erkennbar ist. Kornhäusels spätklassizistischer Komplex stellt mit dem späteren Zubau von Josef Kastan sen. (1844) sowie dem Eckhaus Seitenstettengasse 2 (siehe auch S. 141 ff.) ein sehr harmonisches, geschlossenes Ensemble dar. Die Fassade des der Synagoge vorgestellten Mietshauses ist klar gegliedert. Der rustizierte Sockel mit additiven Rundbögen weist in seinem oberen Bereich Rosettenmedaillons und Kranzreliefs links und rechts des Eingangs auf. Abgeschlossen wird die Sockelzone von einem schmalen Mäanderfries. Die vier Geschoße darüber zeigen sich mit unterschiedlicher Fenstergestaltung. Auf Dreiecksgiebelfenster folgen solche mit geraden Verdachungen. Im dritten Geschoß werden die Fenster von Ornamentrelief-Lünetten gekrönt, die letzte Fensterreihe unter dem Gebälk ist schlicht und dekorlos gehalten.

▶ Additiv gereihte Giebelfenster, ein typisches Merkmal besserer klassizistischer Gebäude, gibt es beim Haus Seitenstettengasse 2 nur in der Beletage

Beim Entwurf für die Synagoge selbst konnte Kornhäusel nicht auf einen bewährten Formenkanon zurückgreifen. Eine jahrhundertelange Synagogenbaukultur wie beispielsweise in Prag existierte in Wien nicht. Kornhäusel musste etwas Neues schaffen. In der Literatur sind mehrere Vorstudien Kornhäusels bis zur letztlich ausgeführten Variante überliefert. Diese ist ein eindrucksvoller ovaler, kuppelüberwölbter Raum mit zweigeschoßigen Umgangsgalerien. Für Tageslicht sorgt eine durchfensterte Laterne. Marmorierte ionische Säulen mit vergoldeten Kapitellen tragen einen abgestuften und durchgängig ornamentierten Mauerkranz. Die Kuppel wurde – vielleicht in Anlehnung an Schinkels Zauberflötenbühnenbild – im Jahre 1895 mit Sternenbesatz auf blauem Grund malerisch neu gestaltet. Die zweite Galerie ist umlaufend mit vielarmigen Leuchtern auf quaderförmigen Podesten versehen. Bemerkenswert ist die detailreiche Ausgestaltung von Rosetten über Öl- und Palmenzweige, feinziselierte Ziergitter, Perlstab- und Akanthusfries bis zur Gloriole mit Gesetzestafeln. Kornhäusels Stadttempel gehört fraglos zu den interessantesten klassizistischen Bauten Wiens. Die Besichtigung ist im Rahmen regelmäßiger Führungen möglich.

▲◀ Der Neubau bei der Schottenkirche ist durch harmonischen Fassendenanschluss (o.) und durch gekonnte Ornamentik (u.) gekennzeichnet

Schottenkloster (1828)

1010 Wien, Freyung 6

▲ Durch das klassizistische Mietshaus des Abt-Schmitzberger-Traktes gelangt man vom kleinen Kirchenvorplatz auf der Freyung aus in die Innenhöfe des Schottenklosters

Die Anfänge des Schottenstiftes, des ältesten Wiener Klosters, gehen auf den Babenbergerherzog Heinrich III. Jasomirgott zurück. Er gründete das Kloster 1155 und ließ es von sogenannten Schottenmönchen betreiben. Die Schottenmönche waren irische Benediktiner, die vom St.-Jakobs-Kloster in Regensburg nach Wien kamen. Das neue Kloster sollte nicht nur eine Stätte des Gebets, sondern auch eine Freyung sein, also ein Ort für Pilger, Gäste und Asylsuchende, sowie ein Zentrum des kulturellen Lebens. Die iroschottischen Mönche blieben bis 1418 an der Freyung. Die Melker Klosterreform, die den Benediktinerklöstern eine Rückbesinnung auf Werte und Regeln des Ordensgründers verordnete, legte den Schottenmönchen nahe, auch Einheimische in ihr Kloster aufzu-

nehmen. Das wollten diese nicht und kehrten nach Regensburg zurück. Der Name allerdings blieb dem Stift, das in den folgenden Jahrhunderten mehrere umfassende bauliche Veränderungen erfuhr. Das aktuelle Kirchengebäude, eine dreischiffige Pfeilerbasilika, ist ein barocker Bau, an dem Antonio Carlone, Marco Spazio und Andrea Allio als Baumeister wirkten. Die klassizistischen Bauteile des Klosters stammen von Josef Kornhäusel, dem Josef Adelpoldinger als Bauleiter zur Seite stand. Der Gymnasiumsbau wurde nach Plänen von Josef Reymund errichtet. Die außenliegenden Trakte zur Freyung, zur Schottengasse und zur Helferstorferstraße hin, die nach den Äbten Stadler und Schmitzberger benannt sind und die den gesamten Komplex halbkreisförmig umschließen, zeigen sich als geschlossene Baukörper, mit einer Einfahrt und zwei schmalen Durchgängen. Die Fassade zur Helferstorferstraße hin erfuhr im ausgehenden 19. Jahrhundert späthistoristische Änderungen nach Plänen von Ludwig Zettl und Franz Neumann d. Ä.. Die übrige Fassade ist in ihrem klassizistischen Erscheinungsbild erhalten geblieben. Hervorzuheben ist dabei vor allem der Gebäudeteil zur Freyung mit seiner monumentalen fünfgeschoßigen Prachtfassade, dessen Mittelrisalit von ionischen Pilastern und einem Triglyphenfries geziert

▲ Der Große Schottenhof zeigt sich nach der Umgestaltung 1828 als geschlossenes Gesamtensemble. Rechtes Bild: das Portal des Neuen Konventgebäudes.

▲ Kleine Risalite gliedern zusätzlich die Fassade des Neuen Konventgebäudes

wird. Das rechteckige, dreigeteilte, ebenfalls klar klassizistische Hauptportal führt in den Großen Schottenhof, von Kornhäusel eher zurückhaltend gestaltet. Auffällig monumental allerdings ist das mit einer vierachsigen Säulenkolonnade, mit Gebälk und Balkon versehene Eingangsportal zum Neuen Konventgebäude. Ebenfalls aus dem Klassizismus stammt die zwischen 1828 und 1836 enstandene Stiftsbibliothek über der Aula, die mit einem eindrucksvollen Bestand von 130.000 Bänden, mit einer 700 Exemplare umfassenden Handschriftensammlung, mit rund 400 Codices und 442 Inkunabeln aufwarten kann. Der große Bibliothekssal kann im Rahmen der Stiftsführungen besichtigt werden. Weitgehend im klassizistischen Original erhalten ist auch die Einrichtung der ehemaligen Stiftsapotheke im sogenannten Schubladenkastenhaus, Freyung 7. Kräutertees, Medikamente und fachkundig Beratung gibt's dazu.

▲ Detail aus Franz Geylings Kuppelfresko von 1836 in der Dominikanerkirche

Dominikanerkirche. Hochaltar und Teile der malerischen Ausstattung (1836–1840)

1010 Wien, Postgasse 4

Die Dominikaner wurden 1226 vom Babenbergerherzog Leopold VI. nach Wien geholt. Leopold VI. erhielt etwa um 1270 den Beinamen „pacificus" (friedfertig) und wurde ab 1490 „gloriosus" genannt, aus dem später der „Glorreiche" wurde. Bei Lichte betrachtet war Leopolds Wirken allerdings weder besonders friedfertig noch durchgängig glorreich. So nahm Leopold am Kreuzzug von Damiette teil, nachdem er schon zuvor am Albigenserkreuzzug beteiligt gewesen war, und wurde auch „Ketzersieder" genannt. Die Quellenlage stützt die Vermutung, dass nicht bloß religiöse, sondern auch handfeste machtpolitische Gründe Leopold zu seinem Handeln bewogen haben.

Die Dominikaner waren während des Albigenserkreuzzugs bereits bei den Katharern missionarisch tätig. Leopold soll dort mit ihnen in Kontakt gekommen sein. Sogar eine Begegnung mit dem Ordensgründer Dominikus wird kolportiert. Gesichert ist jedenfalls, dass die Dominikaner in allerhöchstem päpstlichem Auftrag gegen Herätiker vorgingen. Das deckte sich mit Leopolds Interessen.

▶ In luftiger Höhe auf dem Altargebälk beugen die Engel des Canova-Schülers und Nazarener Bildhauers Johann Nepomuk Schaller die Knie

Die erste gotische Dominikanerkirche, aus dem 13. und 14. Jahrhundert, wurde während der Ersten Türkenbelagerung Wiens 1529 großteils abgerissen, damit das Material für die Befestigungsanlagen verwendet werden konnte. Die Kirche lag unmittelbar an der Bastei. Der Neubau wurde von 1631 bis 1675 nach Plänen von Giovanni Giacomo Tencalla errrichtet und ist damit die älteste Wiener Barockkirche. 1836–40 erfolgten verschiedene Änderungen und Ergänzungen im Inneraum.

◀ Leopold Kupelwiesers Monumentalgemälde wurde in einen Altar von Carl Roesner eingefügt, der am Übergang vom Klassizismus zum Romantischen Historismus steht

Die augenfälligste davon ist der Hochalter, der 1840 nach einem Entwurf von Carl Roesner entstand und mit Engeln von Johann Nepomuk Schaller versehen wurde. Er umrahmt ein monumentales Altarbild von Leopold Kupelwieser, das die Einsetzung und Feier des Rosenkranzfestes durch Papst Gregor XIII. zeigt. Das Tabernakel ist eine historistische Arbeit von Josef Ferstel (1885). Aus der Biedermeierzeit indes stammt das Kuppelfresko von Franz Geyling (1836). Auch ein Großteil der barocken Wandmalereien wurde zwischen 1836 und 1840 von Franz Geyling und Joseph Kastner d. Ä. überarbeitet. Nichtsdestoweniger hat die Dominikanerkirche ihr barockes Erschei-

▲ Die Johann-Nepomuk-Kirche auf der Praterstraße gilt als Hauptwerk Carl Roesners. Typisch für Roesner ist der Fassadenturm, ungewöhnlich hingegen dessen oktogonale Grundform.

nungsbild bewahrt. Im Kreuzgang des Klosters finden sich auch noch Reste der mittelalterlichen Anlage (Fenster, gotische Wandmalereien, Kreuzgratgewölbe).

Johann-Nepomuk-Kirche

(1841–1846)

1020 Wien, Praterstraße neben Haus Nr. 45, Ecke Rotensterngasse

An der Jägerzeil, die von der Ferdinandsbrücke am Donaukanal zum Prater führte, wurde 1736 eine Kapelle errichtet. Hintergrund dieses Kapellenbaus waren wundersame Ereignisse rund um ein Maria-Pócs-Bild, das ein Hauseigner auf seinem Hausaltar aufgestellt haben soll. Das originale Maria-Pócs-Bild ist eine Ikone aus dem ostungarischen Pócs (nun-

▲ Die zeitgenössische Originallithographie von Rudolf von Alt (Entwurf) und Franz Xaver Sandmann (Ausführung) zeigt die Kirche im geschlossenen Häuserverband der Jägerzeile

mehr Mariapócs). Der Überlieferung nach wurde das Muttergottesbild 1676 vom Pócser Dorfrichter Laszlo Csigri beim Maler Stephan Pap in Auftrag gegeben. Der Preis von sechs Forint soll Csigri allerdings zu hoch erschienen sein, sodass letztlich Lorentz Hurta, ein anderer Ortsbewohner, das Bild erworben und der Kirche in Pócs überlassen haben soll. Zwischen 4. November und 8. Dezember 1696 soll es mehrere Tränenwunder gegeben haben. So wurde die Ikone im folgenden Jahr auf Befehl Kaiser Leopolds I. nach Wien verbracht. Noch während des Transports wurden zahlreiche Kopien angefertigt. In Wien wurde das Gnadenbild zwischen Juli und Dezember 1697 in verschiedenen Kirchen zur Schau gestellt. In diesem Zeitraum soll es 33 Prozessionen, 103 Hochämter und 126 Predigten im Zusammenhang mit dem Maria-Pócs-Bild gegeben haben. Der Sieg des Prinzen Eugen über die Türken in der Schlacht bei Zenta am 11. September 1697 wurde dem wundertätigen Wirken der Ikone zugeschrieben. Seit 1. Dezember 1697 befindet sich das Original im Stephansdom. Es kann dort unter dem sogenannten Öchsl-Baldachin betrachtet werden. 1707 wurde eine der Kopien nach Pócs überstellt. Auch diese Kopie soll wiederholt geweint haben.

▲ Die romantisch-historistische Kanzel stammt aus der Entstehungszeit der Kirche

Das Maria-Pócs-Bild von der Jägerzeil, so sagt die Legende, sei bei einem verheerenden Hausbrand völlig unversehrt geblieben. Nachdem der Eigentümer sein Haus wiederaufgebaut und dem Marienbild darin einen Ehrenplatz gegeben habe, sei ihm eine weiß gekleidete Frau erschienen, die einen Beutel mit Geld vor dem Bild niedergelegt habe. Der Hausbesitzer brachte daraufhin an einem Baum an der Jägerzeil eine Holzverschalung an, um das Bild öffentlich auszustellen. 1734 wurde der Baum von einem Orkan entwurzelt. Das Bild blieb intakt und wurde zur Hauptattraktion der zwei Jahre später eingeweihten Kapelle. Diese Kapelle wich 1780 einem Kirchenneubau nach Plänen von Franz Duschinger. Diese Kirche wiederum vermochte bald die Zahl der Gläubigen nicht mehr

◀ Josef Führichs Nazarener-Kreuzweg-Zyklus war Vorbild für Hunderte von ähnlichen Kreuzwegen im gesamten deutschen Sprachraum und in den benachbarten Regionen

▲ Die wundertätige Maria-Pócs-Ikone ist das Heiligtum der Kirche (oben). Carl Roesner entwarf auch den freistehenden Hochaltar in seinem wichtigsten Sakralbau (oben rechts).

zu fassen. So veranlasste Kaiser Ferdinand I. einen Neubau auf dem einzigen noch freien Grundstück an der Jägerzeil.

Diese dem heiligen Johann Nepomuk geweihte Kirche entstand zwischen 1841 und 1846 nach Plänen von Carl Roesner. Roesner legte zunächst dafür ursprünglich drei Entwürfe vor. Jede dieser Varianten orientierte sich stilistisch an einer anderen Epoche: Romanik, Gotik und Renaissance. Der Hofbaurat wünschte eine Verschmelzung dieser drei Vorschläge zu einer Einheit. Die neue Kirche sollte Elemente aller drei Stilrichtungen aufweisen. Das Ergebnis ist eine dreischiffige Pfeilerhalle mit zwei annähernd quadratischen Mittelschiffjochen im Langhaus. Massive, durch schmale Pilaster gegliederte Pfeiler bestimmen das Bild im Hauptraum. Die Seitenschiffe sind durch einen Emporengang, der auf achteckigen Säulen ruht, in zwei Geschoße unterteilt. Diese Zweigeschoßigkeit wird auch an der Fassade durch ein umlaufendes Sockelgesims und die Fensteraufteilung betont. Auffällig ist die Pilastergliederung in der Obergeschoßzone. Die Front zur Praterstraße (frü-

◀ Die Schrägansicht macht das blockhaft-kubische Erscheinungsbild der Johann-Nepomuk-Kirche deutlich. Die breite Freitreppe gab es bereits zur Entstehungszeit (siehe auch Bild S. 45).

her Jägerzeil) wird von der lombardischen Bogenädikula des Mittelportals und von zwei monumentalen Heiligenstatuen in Nischen dominiert. Die hl. Anna wurde von Josef Klieber gestaltet, der hl. Ferdinand von Franz Bauer. Die Form des oktogonalen Fassadenturms lässt sich auf vergleichbare Vorbilder aus dem 13. Jahrhundert zurückführen.

▲ Leopold Kupelwiesers „Glorie des hl. Nepomuk" gehört zu seinen monumentalen Sakralbildern

Im Kircheninneren ist die malerische Ausstattung von besonderer Bedeutung. Von Leopold Kupelwieser stammt das monumentale Altarbild „Die Glorie des hl. Nepomuk". Die altarseitigen Stirnwände des Querschiffs werden von den großformatigen Wandgemälden „Anbetung der Hirten" (links) und „Auferstehung Christi" geschmückt, die Leopold Schulz ausgeführt hat. Unter dem Emporengang an den Seitenschiffwänden befindet sich der berühmte sogenannte Führich-Kreuzweg. In 14 Wandgemälden zeigt der

Nazarener Josef Führich die Leidensgeschichte Jesu. Dieser Kreuzwegzyklus war Vorbild für die Gestaltung einer Vielzahl von Kreuzwegdarstellungen, die in der Folge für Kirchen in ganz Europa angefertigt wurden. Nach Meinung der Pfarre Johannes Nepomuk soll es Hunderte Kopien und Variationen des Führich-Kreuzweges geben.

Die wundertätige Maria-Pócs-Ikone hat ihren Platz am Hauptaltar gefunden. Der Altar selbst ist aus Marmor gefertigt und mit reich ornamentierten Säulen versehen. Die Nischenfiguren zeigen Salomon, David, Abraham und Moses. Auf dem Tabernakel sitzen die vier Evangelisten. Der Entwurf zu diesem Altarensemble stammt von Carl Roesner.

▲ Georgs Schillings Altarbild in der Erdberger Kirche ist das einzige von ihm überlieferte Werk in Wien

Erdberger Pfarrkirche Hl. Peter und Paul. Erweiterungen und Umbauten

(1831–1850)

1030 Wien, Erdbergstraße 72

Als gesichert gilt, dass ab 1234 eine Kapelle an der Stelle der heutigen Erdberger Pfarrkirche stand, 1333 wird sie erstmals urkundlich erwähnt. In der Literatur wird auch immer wieder darauf hingewiesen, dass in einem Bericht über die Gefangennahme des englischen Königs Richard Löwenherz 1192 in Erdberg die Ortsangabe „Niederhalben des St. Paulskirchleins" vorkommt. Die Kirchenbauten „zu St. Paul zu Erdberg" wurden im Zuge der beiden Türkenbelagerungen 1529 und

1683 jeweils völlig zerstört. Das aktuelle Gotteshaus ist ein barockklassizistisches Gebäude, das in mehreren Etappen sein heutiges Erscheinungsbild erhalten hat. 1723 bestand eine Kapelle, 1770 wurde der Trikonchos (Kleeblattchor) mit Turm errichtet. 1831 erfolgten umfassende Umbauten und Erweiterungen unter der Leitung von Karl Prantner sen. (auch Karl Brandtner), dem Josef Klee zur Seite stand. Der kubische, nüchtern gegliederte Bau zeigt vor allem an der Eingangsfront klassizistische Elemente. Das mittig placierte Rechteckportal wird von zwei Pilastern flankiert. Ein breiter Dreiecksgiebel schließt die Fassade ab. Das Innere der Kirche weist Emporen auf drei Seiten und einen an drei Seiten in Konchen erweiterten, platzlgewölbten Chor auf. Die klassizistische Ausstattung umfasst eine Kanzel in Empireform (1833) und das Altarbild von Georg Schilling (1810), das den Abschied der Apostel Petrus und Paulus zeigt.

▲▼ Die barocke Steinfigur des hl. Nepomuk aus dem alten Pfarrhof dominiert den Vorplatz der Peter-und-Paul-Kirche

Erlöserkirche (1834–1836)

1030 Wien, Rennweg 63

▲ Die Kirche der Redemptoristinnen, Carl Roesners erster eigenständiger großer Bauauftrag, ist dem Romatischen Historismus zuzuordnen

Der Orden der Redemptoristinnen erteilte 1834 Carl Roesner den Auftrag zur Errichtung einer Kirche mit angeschlossenem Kloster. Die Mittel waren begrenzt. Roesner schuf unter Mitarbeit von Anton Hoppe durch ökonomische Planung einen symmetrisch achsial angelegten Gebäudekomplex. Die einachsige Kirchenfront zum Rennweg hin ist risalitartig nach vorn gezogen und wird von zwei zweigeschoßigen Klostertrakten flankiert. Die schlichte Fassadengestaltung lehnt sich mit Ädikulaportal, Rundfenster und Dreiecksgiebel an italienische Frührenaissanceformen an. Der für Roesner typische in der Mitte aufragende Fassadenturm dominiert das gesamte Erscheinungsbild.

Im Inneren der Kirche fallen die vier marmorierten korinthischen Pfeiler ins Auge, die das Kreuzrippen-

gewölbe über dem Chor tragen. Der Saalraum wird von zwei schmalen seitenschiffartigen Räumen gesäumt. Aus der Entstehungszeit der Kirche stammen zwei Altarbilder von Joseph Kastner d. Ä., die den hl. Alfons Maria von Liguori (Alfonsaltar) und den hl. Josef mit dem Jesuskinde (Josefsaltar) zeigen.

▲ Die 1817 errichtete kleine Naschmarktkapelle war ursprünglich der Vorbau zur Rosaliakapelle des 1913 abgerissenen Freihauses auf der Wieden

Naschmarktkapelle (1817)

1060 Wien, Naschmarkt gegenüber dem Haus Rechte Wienzeile 18

Die kleine Kapelle am Beginn des hinteren Naschmarktteils, ungefähr auf Höhe der Schleifmühlgasse, steht erst seit 1916 an dieser Stelle. Der Bau ist jedoch rund einhundert Jahre älter. Die Marienkapelle war ursprünglich dem hl. Johann Nepomuk gewidmet und diente als Vorbau der Rosalienkapelle im Freihaus auf der Wieden. Der kubische Bau weist eine geöffnete Front mit rundbogiger Säulenädikula auf. Über dem umlaufenden Gebälk erhebt sich ein Mansardendach. Im Inneren finden sich neben der großen Marienstatue zwei Reliefs mit Szenen aus dem Leben des hl. Johannes Nepomuk (1817) von Franz Gassler.

Gustav-Adolf-Kirche

(1846–1849)

1060 Wien, Lutherplatz

Die evangelische Gustav-Adolf-Kirche von Ludwig Förster und seinem damaligen Juniorpartner Theophil Hansen ist stilstisch schon klar dem Ende der 1840er Jahre aufkommenden Romantischen Historis-

▶ Mit der Gustav-Adolf-Kirche ließ sich die evangelisch-lutherische Gemeinde ihren ersten großen, romantisch-historistischen Sakralbau in Wien errichten

mus zuzurechnen. Aus zwei Gründen ist sie von spezieller Bedeutung. Zum einen stellt sie eine Manifestation des zunehmenden Selbstbewusstseins der protestantischen Gemeinde in einer deutlich katholisch geprägten Stadt dar. Zum anderen werden hier erstmals byzantinisch-islamische Stilelemente in der Ornamentwahl verwendet, die in der Folge im nichtkatholischen Sakralbau häufig Verwendung finden.

Ludwig Förster formulierte in der „Allgemeinen Bauzeitung“ den programmatischen Anspruch folgendermaßen: „Bei dem Entwurfe war es vor Allem Absicht einen christkirchlichen Ausdruck des Baues zu bewirken und eine Eintheilung zu ermitteln, welche den Kirchengebräuchen, der Akustik, der Bequemlichkeit der Geistlichen und Kirchenbesucher und einer haushälterischen Verwaltung möglichst entspreche.“

Der zweizonige Bau wird durch Ecklisenen, Friese und umlaufende Gesimse zusätzlich gegliedert. An der dreiachsigen Basilikalfassade fällt das vortretende, giebelbekrönte Mitteljoch mit seinem Rundbogenfries besonders ins Auge. Über dem Säulenädikula-Portal befindet sich ein zentriert-dominantes Rosettenfens-

▼ Ulrich Zwingli ist eines der Reliefmedaillons über den Seitenportalen gewidmet (Bild links). Neobyzantinische Säulenkapitelle am Hauptportal (Bild rechts).

▶ Mit ihrem Stilmix aus neobyzantinisch-islamischen Elementen waren Förster und Hansen Vorreiter im nichtkatholischen Sakralbau

ter. Die seitlichen Joche indes sind mit gekuppelten Bogenfenstern versehen. Das tonnenüberwölbte Mittelschiff im Inneren ist durch farbig markierte Gurtenlisenen gegliedert. Beidseitig wurden in zwei Geschoßen hölzerne Emporen angebracht, wobei die unteren auf gusseisernen Stützen ruhen. Förster und Hansen waren neuen Baumaterialien gegenüber recht aufgeschlossen; so wurde der Boden der Kirche ursprünglich asphaltiert. Außerdem sollte laut Förster „ohne in der Hauptsache die Solidität zu vernachlässigen, die größte Oekonomie bei der Wahl der Materialien und allen Anodnungen beobachtet" werden. Daher setzten die Kirchenvorsteher gegen den ausdrücklichen Wunsch Ludwig Försters wohl die zweite Emporenetage durch. Sie wollten solcherart mehr Platz für die Gläubigen gewinnen. Die Sitze wurden nämlich vermietet und trugen so zum Unterhalt der Kirche und zur Bezahlung des Pfarrers bei. Für Förster geriet dies allerdings „zum Nachtheile des architektonischen und kirchlichen Ausdrucks".

Die Einrichtung der Kirche stammt noch großteils aus der Entstehungszeit. Bemerkenswert ist das Zinktaufbecken nach einen Entwurf von Theophil Hansen.

Altlerchenfelder Kirche

(1848–1850)

1070 Wien, Lerchenfelder Straße 111

Die Altlerchenfelder Kirche nimmt unter den Sakralbauten Wiens eine Sonderstellung ein. Sie ist Ende der ersten Hälfte des 19. Jahrhunderts entstanden. An ihrer Stelle gab es zuvor eine Kapelle (ab ca. 1715), die erst erweitert und dann 1781/82 mit allerhöchster Genehmigung Maria Theresias durch eine Kirche ersetzt wurde.

Mit dem Neubau von 1848 bis 1850 vollzieht sich die Wende vom Klassizismus hin zum Romantischen Historismus. Vier Architekten haben an seiner Entstehung mitgewirkt. Paul Sprenger, Hofbaurat und viel-

▶ An der Innenraumgestaltung wirkten unter der Federführung Eduard van der Nülls zahlreiche bildende Künstler aus dem Umfeld der Nazarener-Bewegung mit

◀ Die Altlerchenfelder Kirche ist das einzige eigenständige große Bauvorhaben des jung verstorbenen Schweizer Architekten Johann Georg Müller

beschäftigter Architekt bei öffentlichen Bauvorhaben, hatte einen ersten, kostengünstigen Entwurf vorgelegt. In der Literatur finden sich dazu Charakterisierungen zwischen Jesuitenstil und Spätklassizismus. Der Bau wuchs aber nur bis zur Sockelhöhe. Sprenger war unter seinen Berufskollegen nicht gut gelitten. Zu sehr war er Repräsentant des Metternich'schen Systems. Im Revolutionsjahr 1848 konstituierte sich der Architektenverein, dem nach massivem Protest freier Wettbewerb und damit die Ausschreibung größerer Bauprojekte zugesichert wurde. Sprenger wurde in der Folge der Bauauftrag für die Altlerchenfelder Kirche entzogen. Er verlor auch seine Position als Hofbaurat. Sprenger fiel allerdings nicht in Ungnade. Einflussreiche Personen bei Hofe sorgten für weitere Aufträge

und dafür, dass er sich als Konsulent und Fachmann in jedwelchen Bauangelegenheiten auch immer etablieren konnte.

▲ Das neoromanische Dekor an Fassaden und Traufkanten der Altlerchenfelder Kirche ist bis in kleine Details durchgestaltet

Das Bauvorhaben Altlerchenfelder Kirche wurde neu ausgeschrieben. Den Zuschlag erhielt der junge Schweizer Architekt Johann Georg Müller, der sich zuvor massiv für öffentliche Wettbewerbe eingesetzt hatte. Sein Entwurf einer dreischiffigen Basilika mit Doppelturmfassade zeigt die Suche nach einem neuen Stil. Gotische Konstruktionsprinzipien verband er mit romanischem Rundbogenstil. Die Portalfront der Kirche zur Schottenfeldgasse hin wird von den beiden massiven, leicht vorspringenden Türmen mit spitzen Turmhelmen dominiert. Das reich ornamentierte Portal von Anton Dietrich wird von einem in die Gasse ragenden Vorbau umrahmt. Die Portalfiguren der Heiligen Severin, Koloman, Maximilian und Leopold stammen von Joseph Gasser. An der Fassade fällt die wechselweise Verwendung von Sichtziegelbauweise (Lisenen, Kanten,

◀ Die Statuen über den Seitenportalen schuf Joseph Gasser (Bild links). Die figurale Ausstattung an der Hauptfassade stammt von Anton Preleuthner (Bild rechts).

▲ Die durchgängig polychrome Innenraumgestaltung betrifft selbst die reich ornamentierten neoromanischen Säulenbündel

Bänder, Nischen) und glattem Putz ins Auge. Das Maßwerkrundbogenfenster über dem Portal wird von zwei Nischen flankiert, in denen die Heiligenfiguren Petrus und Paulus von Johann Preleuthner aufgestellt wurden. Die stark gegliederten Seitenfassaden sind durch abgestufte Dächer der Kapellen und Seitenschiffe, durch Strebepfeiler mit Figurennischen und durch Rundbogenmaßwerkfenster gekennzeichnet. Für die Nischenfiguren sorgten Anton Dietrich und Joseph Gasser. Der oktogonale Vierungsturm mit Blendarkaden, Zeltdach und Laterne ist vom kleinen begrünten Platz neben der Kirche aus kaum zu erkennen.

An der Gestaltung des Kircheninneren waren mehrere namhafte Künstler entscheidend beteiligt. Der einheitlichen Einrichtung liegt ein Entwurf von Eduard van der Nüll zugrunde. Anton Dietrich, Franz Erler, Joseph Gasser und Josef Kranner setzten ihn um. Der Gesamtentwurf für die dekorative Malerei stammt ebenfalls von Eduard van der Nüll, die Ausführung

▶ Der umfangreiche Freskenzyklus der Kirche wurde nach einem Programm von Josef Führich von unterschiedlichen Künstlern entworfen und ausgeführt

von Pietro Isella. Josef Führich entwarf das Programm für den umfangreichen Freskenzyklus. Auch hier waren unterschiedliche Künstler an der Umsetzung beteiligt: Franz Dobiaschofsky, Eduard Engerth, Leopold Schulz. Josef Binder, Karl Blaas, Karl Mayer, Josef Schönmann und Leopold Kupelwieser entwarfen ihre Fresken selbst. Mit ihrer Ausstattung ist die Altlerchenfelder Kirche der Prototyp einer Nazarener-Kirche. Sie ist einzigartig in ihrer Geschlossenheit und ihrer durchgängigen Originalität. Das betrifft auch die figurale Bestückung im Inneren und die sakrale Einrichtung. Besonders hervorzuheben sind dabei das Altarziborium und die Marmorkanzel. Archtektonisch fallen im Kircheninneren die reiche Wandgliederung, die starken Bündelpfeiler mit ihren ornamentalen Kapitellen und die deutlich hervortretenden Kreuzrippen auf. Johann Georg Müller konnte die Fertigstellung seiner Kirche nicht mehr miterleben. Er starb mit 27 Jahren 1849 an Tuberkulose. Der Bau wurde von Franz Sitte, dem Vater Camillo Sittes, vollendet.

▲ Der Tiroler Bildhauer Franz Erler gestaltete zwei kerzenhaltende, farbenfrohe Engel, die den Zugang zur Apsis flankieren

◀ Selbst kleine Details im Kircheninneren wurden polychrom durchgestaltet. Bis hin zum Kanzelaufgang oder den Kreuzrippen.

Mechitharistenkloster

(1848–1850)

1070 Wien, Mechitaristengasse 2–4

▲ Die Druckerei des Mechitharisten-klosters war für ihre hohe Qualtität bekannt und sicherte den Mönchen stete Einnahmen

Der ursprünglich armenische Orden der Mechitharisten – Ordensgründer Mechithar stammte aus Sebaste, dem heutigen Sivas in Anatolien – erhielt 1717 die damals unbewohnte Insel San Lazzaro in der Lagune von Venedig für die Errichtung eines Klosters zur Verfügung gestellt. 1772 gründeten die Mechitharisten eine Niederlassung in Triest. Im Pressburger Frieden wurde Triest Napoleon zugesprochen, der sich zwar als Schirmherr des armenischen Volkes verstand, mit den habsburgtreuen Mechitharisten aber keine Freude hatte. Das Triestiner Kloster wurde 1810 aufgelöst, der Ordensbesitz verkauft. Die Mechitharisten kamen sohin 1811 nach Wien. Hier wurde ihnen das ehemalige Kapuzinerkloster in der Vorstadt St. Ulrich als Bleibe angeboten. Die im Buchdruck versierten Ordensbrüder richteten im Kloster eine florierende Druckerei ein und erlangten alsbald ökonomische Unabhängigkeit. Das Klostergebäude allerdings fiel am 11. März 1835 einem verheerenden Brand zum Opfer. Schon zuvor hatten die Mechitharisten einen Klosterneubau erwogen. Carl Roesner hatte dazu erste Pläne geliefert. Nach dem Brand beauftragte der Orden Josef Kornhäusel mit der Planung eines neuen Gebäudes, das neben den klösterlichen Erfordernissen Platz für die umfangreiche Bibliothek, die Druckerei und ein Zinshaus bieten sollte. Kornhäusel entschied sich für einen langgestreckten, viergeschoßigen Bau mit einfacher Fassadengliederung. Die mittleren Achsen sind als seichter Risalit mit Rundbogenportal ausgeführt. Das Refektorium ziert eine Darstellung der „Speisung der Fünftausend“ des Nazareners Ludwig Schnorr von Carolsfeld von 1839, deren Maße der Maler selbst mit „20 Schuh Länge und über 15 Schuh Höhe“ bezeichnete. Seinem ebenfalls als Maler täti-

▼ Bei der Fassadengestaltung des Mechitharistenklosters entschied sich Josef Kornhäusel für eine additive Fensterreihung, die am seichten Mittelrisalit Giebel aufweist

▶ Um die winzige Wilhelmsdorfer Kapelle herum wurde ein einfaches biedermeierliches Vorstadtzinshaus gebaut, sodass die Kapelle nicht mehr sofort erkennbar ist

gen Bruder Julius schrieb er dazu: „Obgleich die Arbeit nur sehr kärglich bezahlt werden konnte, so war mir doch die Gelegenheit sehr erwünscht, wieder etwas von dieser Größe zu unternehmen: denn es ist wohl das einzige Werk in Wien von solcher Größe."

Wilhelmsdorfer Kapelle (1827)

1120 Wien, Rauchgasse 5

Am 4. Oktober 1827 weihte Propst Gaudentius von Dunkler in der damaligen Vorortgemeinde Untermeidling eine kleine Biedermeierkapelle ein. Ein pilastergezierter Ädikulaeingang, ein Dachreiter mit Glocke und ein dreiseitiges Walmdach kennzeichneten den Bau. 1846 wurde Wilhelmsdorf eine eigenständige Gemeinde und ein Jahr später entstand an der Stelle der Kapelle ein typisches kleines Wiener Vorstadtzinshaus. Die Kapelle wurde in das Haus integriert. Dort befindet sie sich als kleiner Gebetsraum mit Gittertor noch heute.

Altmannsdorfer Pfarrkirche zum Hl. Oswald (1838–1839)

1120 Wien, Khleslplatz

Die kleine Altmannsdorfer Pfarrkirche steht am Übergang der klassizistischen Formensprache zum beginnenden Romantischen Historismus. Eine Kapelle an diesem Platz wird erstmals 1422 urkundlich erwähnt. Die beiden Türkenbelagerungen 1529 und 1683 führten jeweils zur Zerstörung der bestehenden Sakralbauten. Als das aus dem Barock stammende Kirchengebäude Mitte der 1830er Jahre baufällig geworden war, fehlte das Geld für eine Renovierung. Der Grundherr Johann Baptist Hoffmann gewann 1838 in

▲▶ Johann Baptist Hoffmann finanzierte den Bau der Pfarrkirche zum Hl. Oswald 1838. 20 Jahre zuvor hatte er schon den sogenannten Augustinerhof (heute Dr.-Karl-Renner-Institut) am Platz erworben und zu einem biedermeierlichen Landhaus ausbauen lassen.

▲ Das Pfarrhaus am Khleslplatz vis-à-vis der Kirche ist stilistisch schon dem Romantischen Historismus zuzuordnen

der sogenannten Warschauer Lotterie und spendete das Geld für einen Kirchenneubau. Dafür bedang er sich das Recht aus, das einzige Wirtshaus am Platz bewirtschaften zu dürfen. Der aufstrebende Architekt Franz Xaver Lössl wurde umgehend mit der Planung für das neue Gotteshaus beauftragt und schon am 8. September 1839 konnte die Kirche St. Oswald eingeweiht werden.

Das Langhaus weist eine klassizistisch anmutende, lisenengegliederte Fassade mit umlaufenden Lünetten auf. Die Portalfront wird von einem Giebelreiter mit abgeschrägten Kanten gekrönt. Das pilastergesäumte Rechteckportal ist durch ein Lünettenfenster überhöht. In den Nischen links und rechts des Portals stehen die Heiligenfiguren Johannes des Täufers und Annas mit ihrer Tochter Maria.

Das Langhausinnere zeigt sich als schlichter, pilastergegliederter Saal mit kreuzrippengewölbtem Rechteckchor. Die malerische Ausstattung kommt von bekannten Künstlern jener Zeit. Das Altarbild des hl. Oswald schuf Matthias Ranftl. Die Glasmalerei in der Lünette im Altarbogen ist ein Werk von Leopold Kupelwieser. Die Seitenalterbilder wiederholen das figurale Programm der Portalfront. Links befindet sich Johannes der Täufer (Josef Führich), rechts Anna mit Maria (Eduard Steinle). Der Hauptalter wurde vom Architekten Franz Xaver Lössl gestaltet, die Adorationsengel kamen von Johann Nepomuk Schaller.

▲ Das Innere der Meidlinger Pfarrkirche ist betont nüchtern gestaltet. Augenfällig sind die rötlich getünchten, massiven Pfeiler.

Meidlinger Pfarrkirche mit Pfarrhof (1842–1845)

1120 Wien, Migazziplatz

Die Meidlinger Pfarrkirche am Migazziplatz, die anstelle eines von Kaiser Karl VI. gestifteten barocken Vorgängerbaus zwischen 1842 und 1845 errichtet wurde, gilt als Frühwerk des Romantischen Historis-

◀ Bei seinem Entwurf für das zeitgleich mit der Kirche entstandene frühhistoristische Pfarramt bediente sich Carl Roesner beim Formenkanon der Neoromanik

▲ Typisch für Carl Roesners Sakralbauten sind die Fassadentürme (siehe auch S. 44 und S. 48). Bei der Meidlinger Pfarrkirche wählte er eine Variante mit deutlich vorkragendem Mittelrisalit.

mus. Die Handschrift des Architekten Carl Roesner ist leicht zu erkennen. Typisch der streng symmetrisch gegliederte Baukörper, typisch die Turmfront. Ähnlich wie bei der Johann-Nepomuk-Kirche in der Praterstraße entschied sich Roesner hier für eine Mittelrisalitlösung. Bei der Meidlinger Pfarrkirche kragt dieser Risalit relativ weit vor, ist einachsig ausgeführt und zeigt eine reiche Rundbogengliederung. Das Rechteckportal mit Pilasterrahmung im Blattrankendekor ist mit einer stark gegliederten Tür versehen. Radfenster, Rundbogenfenster, Rundbogenfriese und Gesimse prägen das Erscheinungsbild der Portalfassade. Das Kircheninnere ist als dreischiffige, dreijochige Halle ausgebildet. Massive kreuzförmige, mit breiten Gurten verbundene Pfeiler tragen das Kreuzrippengewölbe. Die figurale und malerische Ausstattung stammt nicht aus der Entstehungszeit der Kirche. Das Altarbild des hl. Johannes Nepomuk von Leopold Kupelwieser befindet sich mittlerweile im Niederösterreichischen Landesmuseum.

◀▲ Die kleine Döblinger Pfarrkirche weist klassizistische Merkmale auf und entspricht am ehesten dem Typus der Landkirchen jener Zeit

Der zur Kirche gehörende Pfarrhof (1842–45) wurde ebenfalls von Carl Roesner entworfen und schließt unmittelbar an die Südostecke des Kirchengebäudes an. Für die Fassadengestaltung bediente sich Roesner beim neoromanischen Formenkanon.

Döblinger Pfarrkirche St. Paul (1827–1829)

1190 Wien, Kardinal-Innitzer-Platz 1

Eine „ecclesia in Tobelice" für die Gegend an der heutigen Hofzeile ist erstmals für 1267 überliefert. Gesichert ist die namentliche Erwähnung eines Pfarrers

▲ Das Bild „Jesu Tod am Kreuz" von Josef Kessler wurde erst später in der Kirche aufgehängt. Es stammt aus dem Jahre 1874.

1466 mit Severin Lintzer aus Sievering. Nach 1469 galt Döbling als Landpfarre der neu geschaffenen Diözese Wien. Um 1640, noch während des Dreißigjährigen Krieges, wurde die Pfarre aufgelassen, die Kirche fiel den Verwüstungen im Zuge der Türkenbelagerung 1683 zum Opfer. 1727 stiftete Wolff Joseph Hoffmändl von Mangeram an der Ecke Hofzeile/Döblinger Hauptstraße eine kleine Johann-Nepomuk-Kapelle. Für 1785 wird die Baufälligkeit der Paulskirche kolportiert. Eine neues Gotteshaus sollte an ihrer Statt errichtet werden. Sogar Kaiser Joseph II. hatte sich dafür ausgesprochen, sagt die Überlieferung. Die Nepomuk-Kapelle wurde geschlossen. Nach der Versteigerung ihrer Einrichtung erwarb ein Tischler das Gebäude und verwendete es als Magazin. Doch als 1794 noch immer kein neuer Kirchenbau in Döbling stand, wurde die kleine Nepomukkirche erneut geweiht und diente wieder als Pfarrkirche. Erst 1826 wurde die alte St.-Pauls-Kirche endgültig abgerissen. Zwischen 1827 und 1829 entstand an der Hofzeile nach Plänen des

▶ Der quadratische Altarraum ist vom Kirchenraum nicht allzu deutlich durch zwei bogentragende Pilaster abgesetzt

Baumeisters Josef Reininger der neue Kirchenbau. In seinem äußeren Erscheinungsbild weist der schlicht gehaltene, etwas gedrungene Baukörper klassizistische Merkmale auf. Die nach Norden orientierte Portalfassade ist durch vier gekuppelte toskanische Pilaster gegliedert. Die Rundbogenumrahmung des Lünettefensters über dem Rechteckportal ist genauso schmucklos wie das Dreiecksgiebelfeld. Ungewöhnlich hoch und massiv ist der vierseitige Fassadenreiter ausgefallen.

Das Kircheninnere wurde im Laufe der Zeit mehrfach umgestaltet. So gibt es nun ein zentrales Taufbecken, das von parallel zu den Kirchenwänden verlaufenden Bankreihen flankiert wird. Die Ausstattung stammt aus verschiedenen Epochen und Kirchengebäuden. Vom Barock bis in die Gegenwart. Aus der Bauzeit der Kirche stammen die spätklassizistische Kanzel und das Hauptaltargemälde von Josef Schönmann, das die Bekehrung des Apostels Paulus zeigt. Neueren Forschungsergebnis-

◀ Das Hauptaltarbild von Josef Schönmann unterscheidet sich von seinen späteren, romantischen Werken durch eine überaus dramatische Inszenierung

▲ Klassizismus pur: Die Inzersdorfer Pfarrkirche ist ein stilistisches Unikat. Nirgendwo sonst in Wien gibt es einen ähnlichen Rundbau mit Säulenportikus.

sen zufolge hat es dafür einen Wettbewerb gegeben, an dem verschiedene Wiener Maler teilgenommen haben. Jedenfalls existieren aus dem Jahre 1829, in dem Schöffmann sein Werk schuf, auch Entwürfe zum selben Thema von Wilhelm August Rieder und Leopold Kupelwieser. Diese sind aber stilistisch schon der Romantik zuzurechnen, während sich Schöffmann noch für den Dramatischen Klassizismus entschieden hatte.

Inzersdorfer Pfarrkirche zum Hl. Nikolaus (1818–1820)

1230 Wien, Kirchenplatz

1217 gründete Ulrich von Rodaun, der die Herrschaft Inzersdorf besaß, eine von St. Stephan unabhängige Pfarre. 1529 wurde im Zuge der Ersten Türkenbelagerung das Pfarrhaus zerstört. 1579 wurde Inzersdorf unter dem neuen Gutsherrn Geyer von Osterburg

für rund einhundert Jahre protestantisch. Auch im Zuge der Zweiten Türkenbelagerung gab es massive Schäden in Inzersdorf. Das gotische Kirchengebäude konnte aber wiederhergestellt werden. Erst ein Brand im Jahre 1817 vernichtete die Kirche vollständig. Jakob Fürst a Sancto Mauro, Herzog von Corigliano-Saluzzo war laut dem 1818 erschienenen „Schematismus aller im Erzherzogthume Österreich unter der Enns befindlichen Herrschaften deren Eigenthümer daselbst angestellten Beamten und Forstpersonale nebst der besonders nützlichen Anzeige der nächsten Poststationen und des Landesgerichtes" zu jener Zeit der Besitzer der Herrschaft Inzersdorf am Wienerberge. Er gab die Errichtung einer neuen Kirche, deren Architekt nicht überliefert ist, in Auftrag. Die Inzersdorfer Pfarrkirche ist der einzige klassizistische Kirchenrundbau Wiens und ein bemerkenswertes Beispiel eigenständiger Formensprache. In den 1840er Jahren und 1860 erfuhr die Kirche Erweiterungen durch die neuen Eigentümer, die Industriellen Alois Miesbach und Heinrich Drasche. (Drasche war Miesbachs Neffe.) Im Kern allerdings ist die Inzersdorfer Pfarrkirche

▲ Das detailreiche, antikisierende Giebelrelief stellt die Kardinaltugenden Glaube, Liebe, Hoffnung dar. Den Gläubigen zur Mahnung.

▲▼ Die ionischen Säulen mit ihren ausnehmend verspielten Kapitellen verleihen dem weit vortretenden Portikus eine elegante Note

ein klassizistischer Bau geblieben. Sehr auffällig ist neben der von einem seichten Kegeldach gekrönten Rotunde der weit hervortretende Säulenportikus. Den ionischen Säulen sind an der Fassade unter dem Vordach ionische Pilaster gegenübergestellt. Im Portikusgiebelfeld ist ein antikisierendes Relief angebracht, das die Kardinaltugenden Glaube, Liebe und Hoffnung zeigt, die von zwei Knabenfiguren flankiert werden. Der kreisrunde Zentralraum der Kirche wird von einer Flachkuppel überwölbt. Ein tonnengewölbter Rechteckkorb schließt den Kirchenraum nach Norden hin ab. Aus dem Klassizismus stammen die ehemaligen Altarbilder von Johann Höfel (1821), die den hl. Nikolaus, den Kirchenpatron, sowie eine Madonna mit der hl. Elisabeth und dem Jesusknaben zeigen. Der Kreuzweg wurde von Anton Lehmden, einem Vertreter der Wiener Schule des Phantastischen Realismus, gestaltet.

Profanbauten zwischen 1800 und 1850

In der Zeit zwischen 1800 und 1815 wuchs die Wiener Bevölkerung kaum. Knapp 231.949 Menschen weist das Historische Ortslexikon der Österreichischen Akademie der Wissenschaften in den Angaben des Jahres 1800 für Wien und seine Vorstädte aus. 1815, zu Beginn des Wiener Kongresses, war die Zahl um bescheidene 8.648 auf 240.597 gestiegen. Die Gründe dafür mögen mannigfaltig gewesen sein. Die Napoleonischen Kriege hatten Wien nicht verschont und Stadt und Menschen deutlich in Mitleidenschaft gezogen. 1811 musste Kaiser Franz I. den Offenbarungseid leisten und den Staatsbankrott verkünden. Die anfangs streng limitierte Zahl der Bancozettel der Wiener Stadt-Banco war, nicht zuletzt um die Kriegsaufwendungen finanzieren zu können, heimlich, aber sukzessive erhöht worden. Darüber hinaus hatten sich die Papiere allmählich zu Spekulationsobjekten entwickelt. Betrug die umlaufende Geldmenge im Jahr 1796 noch 44 Millionen Gulden Bancozettel, so waren es 1810 bereits 942 Millionen Gulden. 1811 hatten die Nominalwerte die Summe von rund einer Milliarde Gulden erreicht. Das Disagio auf die Einlösung betrug zu diesem Zeitpunkt an der Börse schon 90 Prozent. Der offizielle Schnitt erfolgte am 20. Feber 1811 per kaiserlichem Finanzpatent. Dieses ordnete den Eintausch aller Bancozettel gegen Einlö-

▲ Auch wenn bei biedermeierlichen Mietshäusern oft der Sparstift regierte, finden sich dennoch mitunter dekorative Fassadendetails, wie kleine Heiligenstatuen, hier am Haus Zeismannsbrunngasse 1.

sungsscheine im Verhältnis 1 zu 5 an. Eine wirkliche Beruhigung des Finanzmarktes brachte aber erst die Gründung der „Privilegierten Nazional-Bank" am 1. Juni 1816. Damit wurde ein neuer Edelmetallstandard eingeführt. Die Stabilisierung der Wirtschaft hatte Folgen. Der Aufschwung in Handel und Gewerbe führte auch zu einem deutlichen Anstieg der Bevölkerungszahlen. Von 244.796 Personen im Jahre 1816 auf 431.889 im Jahre 1851.

Diese Menschen brauchten Platz. Es wurde emsig gebaut. Die Zahl der Gebäude betrug im Jahre 1815 im Wien innerhalb der Stadtmauern 1.318. In den

Vorstädten kamen noch einmal 5.932 dazu. 1851, also kurz vor dem Fall der Basteien, wurden in Wien und den Vorstädten insgesamt bereits 9.284 Häuser verzeichnet. Die Industrialisierung Wiens, behindert durch dirigistische Maßnahmen der Regierung Metternich, entwickelte sich anfangs noch recht langsam. Der aufstrebende Kapitalismus veränderte aber schon bald das Wiener Stadtbild. Es entstanden die ersten Zinshäuser.

▲ Der vielbeschäftigte Josef Klee (siehe auch S. 82) errichtete das Gebäude Kurrentgasse 10 als Durchhaus zur Kleeblattgasse. Die Mieteinnahmen brachten ihm ein schönes Zusatzeinkommen ein.

Profit auf kleiner Fläche: Die Wiener Zinshäuser

Diese neuen Zinshäuser unterschieden sich deutlich von den traditionellen Mehrfamilienwohnhäusern. Es ging nun darum, auf gegebener Fläche möglichst viele Wohneinheiten unterzubringen. Schließlich sollten sie den Eigentümern, egal ob diese Privatleute oder

▲ Kleine, elegante Erkerfenster wie hier am Haus Sigmundsgasse 1 wurden im Biedermeier häufig eingesetzt

kirchliche Institutionen waren, durch Vermietung eine gut rentierliche Verzinsung des eingesetzten Kapitals erwirtschaften. Der Zweck bestimmte die Form. Die Zinshäuser des Biedermeier und Spätklassizismus in Wien sind mehrheitlich von zurückhaltendem Charme. Was nicht unbedingt notwendig war, wurde weggelassen. Kaum dekorative Elemente, kleine Zimmer, niedrige Raumhöhen, einfachste Ausstattung. Bei gleicher Bauhöhe wurden nun mehr Geschoße untergebracht. Die Sparsamkeit führte zudem zu einförmigen, vielachsigen Fassaden. Erst gegen Ende der Periode, am Übergang zum Romantischen Historismus, lässt sich wieder mehr Interesse der Bauherren an repräsentativer Fassadengestaltung erkennen. Nichtsdestoweniger bestimmen ökonomische Vorgaben weiterhin das Tun der Architekten. Der Kunsthistoriker Rudolf Eitelberger und der Architekt Heinrich Ferstel stellen in ihrem 1860 erschienenen programmatischen Buch „Das bürgerliche Wohnhaus und das Wiener Zinshaus“

▶ Die Sigmundsgasse im Bezirk Neubau weist noch einen dichten Bestand an gut erhaltenen Gebäuden aus der ersten Hälfte des 19. Jahrhunderts auf. Die historistische Bäckerei allerdings ist nun ein Lokal.

den Wohnbauten des Vormärz kein gutes Zeugnis aus. Allerdings stoßen sie sich vor allem an der „Bauordnung für die k.k. Haupt- und Residenzstadt Wien", die 1829 mit dem „Circulare der k.k. Landesregierung im Erzherzogthume Oesterreich unter der Enns" erlassen und in rascher Folge gleich dreimal novelliert wurde (1836, 1838 und 1840). „Alles nivellirt unter der Herrschaft von Ideen, die formell Allen gerecht zu sein strebten, die aber materiell keine Selbstständigkeit, keinem Stande eine innere Berechtigung anerkannten, und im Bauen den Adel wie die Bürgerschaft, die Geistlichen wie die Laien unter die Vormundschaft der Baubehörde und des alleinherrschenden Baugesetzes gestellt haben. Die Leere des inneren Lebens, die Gestalt= und Inhaltslosigkeit desselben ging auch auf die Architektur über und fand seinen leider allzu üppigen Ausdruck in den Zinshaus= und Speculationsbauten, mit denen Wien, wie keine andere Großstadt gesegnet ist und die wie ein Alp auf unsere Gesellschaft drücken."

▲ Allegorischer Fassadenschmuck, wie hier an den Fenstern des Hauses „Zur weißen Rose", ist im Klassizismus selten (siehe auch S. 9)

◀ Von Ernst Koch (siehe auch S. 18) stammen die Pläne für das Haus „Zum Hahnenbeiss", das von 1818 bis 1820 am Hof (Nr. 5) erbaut wurde. Ungewöhnlich ist das reiche Stuckdekor in den Supraporten.

▲ Das Haus „Zur weißen Rose" entstand nach Plänen Franz Wipplingers (siehe auch S. 104) für Katharina von Zepharowitsch durch Umbau eines urprünglich barocken Gebäudes am Fleischmarkt

Angesichts der fatalen sanitären Zustände in den meisten Biedermeierhäusern erschienen dirigistische Eingriffe in das Bauwesen aber durchaus sinnvoll. So regelte die Novelle von 1836, „daß für jede Wohnung, welche mehr als drei Zimmer enthält, jederzeit Eine Retirade, bei einer kleineren Anzahl von Wohnungsbestandtheilen aber, wenigstens für zwei Wohnungen Eine Retirade in Antrag gebracht werde; dass die Retiraden im inneren Lichte eine Breite von wenigstens drei Schuh, und eine Thüröffnung von zwei Schuh sechs Zoll enthalten, und daß die Eingänge in die Retiraden so weit entfernt als möglich von dem Innern der Wohnungen gehalten, somit soviel möglich außer selben gestellt, überhaupt so hergestellt und angebracht werden, daß sie nicht einen zu üblen Geruch verbreiten, und darum dem Zugange einer reinen Luft

Spielraum zulassen.“ Des Weiteren wird in der Novelle die „seit 25. November 1794 bestehende Vorschrift, welche die Herstellung zu kleiner Wohnungen selbst aus Polizei=Rücksichten strenge untersagt, neuerdings in Erinnerung gebracht, und darum festgesetzet wird, daß die kleinste Wohnung wenigstens aus Zimmer, Kammer und Küche zu bestehen hat.“

▲ Das Haus „Zum steinernen Lamm“ in der Sigmundsgasse aus dem zweiten Viertel des 19. Jahrhunderts weist eine deutlich strukturierte Fassade mit klassizistischen Gesimsefriesen auf

Nicht behoben wurde damit die mangelhafte Wasserversorgung der Häuser. Der Wasserwagen gehörte zum Wiener Straßenbild wie die Hausierer, die Milchfrauen oder die Gassenstände. Wer das Wasser nicht selbst in die höheren Stockwerke tragen wollte oder konnte und keine Dienstboten hatte, musste sich der sogenannten „Wasserweiber“ bedienen, die sich ihren Lebensunterhalt eben durch das Wassertragen verdienten. Liegenschaften mit Hausbrunnen waren nicht unbedingt bevorzugt. Die Brunnen wurden häufig mangels Absicherung durch die Fäkalien der Hofaborte verunreinigt. Die rudimentäre sanitäre Ausstattung der Wohnhäuser begünstigte die Ausbreitung von Krankheiten und Seuchen. Die Biedermeier-Schriftstellerin Caroline Pichler schildert im vierten Band ihrer „Denkwürdigkeiten aus meinem Leben“ einen Cholera-Ausbruch in den 1830er Jahren in der Alservorstadt. „Kein Tag verging, wo man nicht von einem Todesfall eines Bekannten in der Nachbarschaft hörte, die der vielen Unbekannten gar nicht zu rechnen. Bei uns allein hatte die Seuche sechs Opfer in Einem Hause geholt. In einem anderen gegenüber waren ihrer neun gestorben.“ Erst mit den beiden Wiener Hochquellwasserleitungen (1873 und 1910) und dem Ausbau eines funktionierenden Kanalnetzes Ende des 19. Jahrhunderts waren die Cholera-Epidemien in Wien Geschichte.

▲ Hohe Fenster sorgen für ausreichende Belichtung in den schmalen Gassen

▶ Bei der Fassadengestaltung der biedermeierlichen Zinshäuser (wie hier in der Mitte der Sigmundsgasse) wurden oft kostengünstige Mittel wie Nutung oder Portaleinrahmungen eingesetzt

◄▲ Bei der Fenstergestaltung in der Beletage des 1828 erbauten Eckhauses Rauhensteingasse 1/Weihburggasse ließ Anton Grünn für ein Mietshaus außergewöhnlich viel Stuck anbringen. (Bild links) Josef Klee versah die Lünettenfenster am Haus Weihburggasse 8 mit auffälligem Fächerdekor. (Bild oben)

Obschon Franz I. und auch Metternich Industrialisierung und Kapitalismus mit einiger Skepsis gegenüberstanden, wurde der Bodenspekulation auf dem Wiener Wohnungsmarkt des Vormärz keineswegs Einhalt geboten. Dabei wurde nicht nur unverbautes Gelände preiswert gekauft, bis der Wert so weit gestiegen war, dass sich der Häuserbau in dieser Gegend lohnte, vielfach kam es auch zur sogenannten Abbruchspekulation. Für einfache Gewerbetreibende war dies oft die einzige Möglichkeit, um wirtschaftlich zu überleben. Erst wurde das kleine barocke oder josephinische Gewerbebürgerhaus aufgestockt und in ein Zinshaus verwandelt. Nach ausreichendem Bodenpreisanstieg erfolgten Abriss und Neubau. Diese neuen Zinshäuser waren oft auf Pump gebaut. So spielte die Erste Oesterreichische Spar-Casse eine wichtige Rolle im rasch wachsenden Hypothekengeschäft. Zudem ließen sich die Bauherren ihre Häuser häufig von den Baumeistern vorfinanzieren, die wiederum bei ihren Baustofflieferanten in der Kreide

▲ Detailreiche Supraportenreliefs betonen die Fensteranordnung und tragen zur Fassadengliederung bei

standen. Dieses Fremdfinanzierungsmodell erzeugte einen gehörigen Mietpreisdruck. Schließlich mussten mit den Einnahmen nicht nur die laufenden Kosten gedeckt und musste nicht nur eine Grundrente erzielt, sondern auch die Baukosten mussten hereingebracht werden. Die Steuererleichterungen, die den Bauherren in regelmäßigen Abständen gewährt wurden, um die private Bautätigkeit anzuregen und den Wohnungsmarkt zu entlasten, ermunterten zwar zu fleißigem Bauen, brachten aber dennoch keine Reduktion der Mietpreise. Diese waren, so wie heute, stark von der Lage abhängig. In der Inneren Stadt, also im Wien innerhalb der Basteien, war das Wohnen logischerweise am teuersten, je weiter man sich vom Zentrum entfernte, desto billiger wurde es. Ein Ausreißer nach oben war die Jägerzeile, die heutige Praterstraße, sie

▶ Die bemerkenswerte spätklassizistische Fassadengestaltung des Hauses Weihburggasse 16 erfolgte im Zuge eines umfassenden Umbaus durch Josef Adelpodinger in den Jahren 1820/21

galt als nobelste Adresse außerhalb der Inneren Stadt. Hier wurde deutlich mehr gezahlt als in gleich weit vom Zentrum entfernten anderen Gegenden. Eine Statistik aus dem Jahre 1831 weist für eine durchschnittliche Wohnung auf der Jägerzeile 172 Gulden Jahresmiete aus. In der Josefstadt, auf der Wieden oder am Alsergrund fand man hingegen mit 104 Gulden das Auslangen. Am günstigsten wohnte man in den Kleinwohnungen der Vororte außerhalb des Linienwalls; dort fiel auch die sogenannte Linien-Verzehrsteuer noch nicht an. Vor allem Tagelöhner und Hilfsarbeiter siedelten sich daher außerhalb der Linie an.

▲ Josef Kassin schuf 1897 das historistische Standbild von Wolfgang Freiherr von Polheim und Wartburg an der Niederösterr. Statthalterei

Zur Schau gestellte Bescheidenheit: Die Monumentalbauten

In deutlichem Kontrast zu den auf Profit ausgerichteten und eher spartanisch ausgestatteten Zinshäusern standen die öffentlichen Monumentalbauten und die repräsentativen Häuser wohlhabender Bürger und des Adels. Stilistisch lässt sich in der Zeit zwischen 1800 und 1850 keine klare, einheitliche Linie erkennen. Speziell ab den 1830er Jahren entstanden klassizistisch-biedermeierliche Bauten parallel zu Bauten des frühen Romantischen Historismus und auch neogotische Elemente lassen sich an Gebäuden jener Zeit finden. Eine Sonderform des Wiener Klassizismus stellt der sogenannte „Ärarische Stil", auch Beamtenarchitektur genannt, dar. Entscheidend geprägt wurde diese Stilform vom Hofbauamt, das den Baumeistern und Architekten Gestaltungsrichtlinien vorgab. Bestimmende Kriterien waren dabei Zweckmäßigkeit und Einfachheit. Vor allem aber galt es, kostengünstig

▲ Das monumentale Gebäude der Niederösterreichischen Statthalterei, 1846/47 nach Plänen von Paul Sprenger errichtet, markiert den Übergang vom Klassizismus zum Romantischen Historismus

zu bauen. In der zweiten Hälfte des 19. Jahrhunderts trat vor allem Rudolf Eitelberger als wortgewaltiger Kritiker dieser Beamtenarchitektur auf. Eitelberger hatte als Ordinarius für Kunstgeschichte und vor allem als Initiator des Österreichischen Museums für Kunst und Industrie (heute: Museum für angewandte Kunst – MAK) sowie der Kunstgewerbeschule (heute: Universität für angewandte Kunst) zweifelsohne seine Meriten. Seine negative Beurteilung der architektonischen Besonderheiten des Ärarischen Stils im Wiener Klassizismus erscheint jedoch aus heutiger Perspektive nicht unbedingt gerechtfertigt. Die Vorgaben des Hofbauamtes ließen zwar keine imposanten Monumentalbauten zu, führten aber zu funktionaler Architektur, die bis zum heutigen Tage ihren Zweck erfüllt, und erlaubten bei der Fassadengestaltung Akzentuierungen. Während die folgende Epoche des Historismus auf frühere Baustile Bezug nahm und diese teils mit überbordender Üppigkeit neu interpretierte, hatte die Wiener Beamtenarchitektur etwas durchaus Eigenständiges, das sie vom imperialen Zugang der andernorts in Europa die klassizistischen Bauten prägte, unterscheidet.

▲ Mitunter wurden bei besseren Bürgerhäusern auch unter den Fenstern dekorative Reliefs als Fassadenschmuck verwendet

Auffällig ist bei allen Wiener Monumentalbauten des Spätklassizismus und des Biedermeier, dass hier im Allgemeinen Zurückhaltung an den Tag gelegt wird. Das betrifft die Gestaltung wie die Dimensionen. Zu einer Zeit, da in Europa imposante architektonische Großprojekte verwirklicht werden, München seine Prachtbauten erhält, Schinkels prägende Gebäude Berlin ein neues Gesicht verleihen, französische Städte wie Lyon oder Bordeaux architektonisch mit Paris wetteifern, regieren in Wien Bescheidenheit und Funktionalität. Recht gut veranschaulicht dies das Beispiel des Montoyer-Trakts der Hofburg. Dieser ist ein schlicht gehaltener drei- x fünfachsiger Zubau und damit der kleinste aller Hofburgteile. Unspektakulär, aber sehr funktional.

◀ Die Fassade von Leopold Mayrs Zwettlerhof am Stephansplatz weist neben klassizistischen Elementen wie den Giebelfenstern schon frühhistoristische Merkmale auf

▲ Das monumentale Erzherzog-Albrecht-Denkmal auf der Albertinarampe ist dem Sieger der Schlacht bei Custozza (siehe auch S. 91) gewidmet. Es wurde von Caspar Zumbusch entworfen und 1899 enthüllt.

In diesem Kapitel werden wichtige Profanbauten der Inneren Stadt behandelt. Die Fülle an Bauten und Umbauten, die aus jener Zeit noch erhalten sind, machte eine Auswahl notwendig. Diese mag subjektiv sein, aber sie veranschaulicht die Baukunst einer Epoche, die lange Zeit unterschätzt wurde und die es neu zu entdecken gilt.

Die bedeutendsten Monumental- und Profangebäude in den ehemaligen Vorstädten und Vororten werden im zweiten Band „Biedermeier in Wien. Die Architektur zuwischen 1800 und 1850“ vorgestellt.

Albertina (1802–1804)

1010 Wien, Albertinaplatz 1

1715 meldete sich der 19-jährige Emanuel Teles da Silva-Tarouca, Sohn des portugiesischen Botschafters am Hofe Karls VI., zur Armee unter dem Oberbefehls-

haber Prinz Eugen. An den siegreichen Schlachten um Peterwardein und Belgrad soll Teles da Silva-Tarouca teilgenommen haben. 1735 verlieh ihm Karl VI. den Herzogstitel und von 1744 bis 1749 bekleidete Teles da Silva Tarouca das Amt des Hofbaudirectors. Seit dem Pressburger Landtag im Jahre 1741 verband den Portugiesen in Habsburgs Diensten eine enge Freundschaft mit Maria Theresia. Er wurde zu einem wichtigen Berater der Kaiserin. 1744 überließ Maria Theresia ihrem Konsulenten ein freies, südlich der Augustinerkirche an der Bastei befindliches Grundstück zur Errichtung eines Palais. Der Architekt dieses Baus ist nicht überliefert. Tarouca blieb bis 1757 in Wien, hernach zog er sich auf seine böhmischen Ländereien zurück. Sein Palais ging in habsburgischen Besitz über.

▲ Der Danubius-Brunnen, auch Albrechtsbrunnen genannt, wurde 1864–69 im Zuge der Umgestaltung der Augustinerbastei durch Moritz Löhr mit Marmorfiguren von Johann Meixner errichtet

Prinz Albert Kasimir von Sachsen war 1760 in österreichische Dienste getreten und hatte 1766 Marie Christine, die Lieblingstochter Maria Theresias, geheiratet. Der Überlieferung nach war die Hochzeit nicht arrangiert, sondern eine Liebesheirat. Zur Vermählung erhielt Albert das Herzogtum Teschen in

Schlesien zum Geschenk. Schon seit 1765 war Albert kaiserlicher Generalstatthalter in Ungarn mit Residenz im Pressburger Schloss. Diese Stelle bekleidete er bis 1780. Gemeinsam mit seiner Frau begann er in jener Zeit seine später berühmte Kunstsammlung, die heutige Albertina, aufzubauen. Albert, der ursprünglich kein vermögender Mann gewesen war, verfügte seit seiner Hochzeit mit den Einnahmen aus dem kleinen Herzogtum Teschen über liquide Mittel für Kunstankäufe. Zudem hatte Maria Theresia ihre Tochter mit einer beträchtlichen Mitgift ausgestattet. Überliefert sind rund vier Millionen Gulden (in heutiger Kaufkraft etwa 50 Millionen Euro). Marie Christine war äußerst kunstverständig und selbst eine bemerkenswerte Künstlerin. Aus ihrem Œuvre sind viele Arbeiten erhalten geblieben. Allein in der Sammlung Albertina befinden sich rund einhundert Feder- und Kreidezeichnungen, Aquarelle und Gouachen. Albert und Marie Christine kauften mit hohem Sachverstand

▼ Die drei mädchenhaften Figuren in den seitlichen, konchenartigen Nischen symbolisieren die drei Bundesländerflüsse Mur, Salzach und March. Drei weitere sind Raab, Enns und Traun gewidmet.

in ganz Europa vor allem grafische Werke. Im Belvedere befindet sich ein Temperabild Friedrich Heinrich Fügers aus dem Jahre 1776: „Maria Theresia im Kreise ihrer Kinder“. Das Interessante an diesem Bild ist die Darstellung von Albert und Marie Christine. Sie zeigen der Kaiserin Kunstwerke, die sie von einer Italienreise mitgebracht haben.

▲ Die Front des Albertinagebäudes mit ihrer neobarocken Obergeschoß-fassade hin zum Helmut-Zilk-Platz erhielt 2001–2003 eine postmodernen Sockelzonengestaltung

Nach den Pressburger Jahren übersiedelten Albert und Marie Christine in die habsburgischen Niederlande, wo sie als Gerneralgouverneur und Gerneralgouverneurin ab 1780 in Brüssel und Laeken residierten. Das Schloss Laeken ließen sie sich zwischen 1781 und 1785 nach Plänen des französischen Architekten Charles de Wailly errichten. Ausführender Architekt war Louis Montoyer, der später mit Albert nach Wien ging, um dort zu bauen. Die politische Lage in den österreichischen Niederlanden war ab 1787 von zunehmendem Widerstand gegen die habsburgische Herrschaft geprägt. 1789 erfolgte mit der sogenannten Brabanter Revolte der erste Aufstand und die Ausrufung der „Vereinigten Niederlande“. 1790 hatten sich

▲ Der dritte Besitzer der Albertina war Erzherzog Albrecht (siehe auch S. 93). Hier in einer zeitgenössischen Darstellung (Bild rechts) und mit seinem Originalautogramm (Signatur links).

die habsburgischen Kräfte zwar wieder durchgesetzt, doch zu einem dauerhaften Frieden kam es nicht.

Mit dem Ausbruch des Ersten Koalitionskrieges im April 1792 wurde die Lage in für Albert und Marie Christine kritisch. Marie Christine zog im November 1792 nach Maastricht. Albert, dessen Armee in der Schlacht bei Jemappes am 6. November 1792 eine Niederlage gegen die französischen Revolutionstruppen erlitt, erkrankte in der Folge schwer und musste den Oberbefehl an Charles de Croix Graf Clerfayt abgeben. Nach seiner Genesung führte Albert 1794 noch kurze Zeit die Rhein-Armee, quittierte aber bald den Dienst und zog sich 1795 mit Marie Christine nach Wien zurück.

Im Gegensatz zur Sammlung Albertina, die Albert und Marie Christine sukzessive aus eigenem erworben hatten, gelangte das Paar zu seinem Palais an der Bastei vermittels einer Schenkung. Am 24. Juni 1794 erfolgte die Donation des Tarouca-Palais durch Kaiser Franz II. an seine Tante, Erzherzogin Marie Christine. Damit auch Herzog Albert Besitzer werden konnte, mussten er und Marie Christine eine beiderseitige Testamentsanerkennung unterzeichnen. Für Albert war damit die Verpflichtung verbunden, im Falle des Todes der Erzherzogin keine weitere Ehe mehr einzugehen, ansonsten wäre das Palais an den Erben Erzherzog Carl gefallen. Der sogenannte Acceptationsakt wurde von Albert und Marie Christine am 22. November 1794 unterzeichnet. Kaiser Franz II. unterschrieb zwei Wochen später am 4. Dezember 1794 die Schenkungsurkunde, die heute im Hof- und Staatsarchiv aufbewahrt wird.

▲ Im Wappenstein auf der Albertina ist das Wappen der Erzherzogin Marie Christine als das ranghöhere links postiert

Albert und Marie Christine beschlossen einen umfassenden Umbau ihres neuen Wohnsitzes. Das Paar mietete sich daher einstweilen im Palais Kaunitz ein. Das nach Plänen, die Johann Bernhard Fischer von Erlach zugeschrieben werden, in Mariahilf errichtete Palais existiert bedauerlicherweise nicht mehr. Es musste 1970 einem gesichtslosen Schulneubau weichen. Noch bevor der Umbau des Tarouca-Palais begonnen hatte,

◀ Die Albertinafassade zum Burggarten hin weist trotz mancher neobarocker Elemente in den wesentlichen Teilen noch die von Louis Montoyer vorgesehene Gestaltung auf

▲ Der mit einer Goldkrone versehene Wappenstein auf der Attikabalustrade wird von Apollo und Minerva sowie zwei allegorischen Frauengestalten und Puttengenien flankiert

erkrankte Marie Christine schwer, vermutlich an der Cholera. Sie starb am 24. Juni 1798. Als Vermächtnis hinterließ sie ihrem Mann, neben ihrem Anteil an der Kunstsammlung, den dringlichen Wunsch, eine Wasserleitung errichten zu lassen, mit Hilfe derer die Wiener Bevölkerung Zugang zu frischem und sauberem Trinkwsser hätte. Diese Albertinische Wasserleitung entstand ab 1803 (siehe Band 2).

Die Umgestaltung und Erweiterung des Albertina-Palais erfolgte ab 1800 nach Plänen von Louis Montoyer. Das oberste Geschoß des Straßentraktes der Augustiner wurde zu einer Galerie für die grafische Sammlung des Herzogs. Zwischen 1801 und 1804 entstanden ein neuer, repräsentativer dreigeschoßiger Trakt sowie verschiedene Nebengebäude. Dabei wurden Teile des Augustiner-Klosters mit in die neue Anlage einbezogen. Alberts Erbe Erzherzog Carl beauftragte 1822 Josef Kornhäusel mit weiteren Umbauten, die vor allem den Innenbereich betrafen und 1823 abgeschlossen waren. Sein Sohn Erzherzog Albrecht veranlasste in den 1860er Jahren noch verschiedene Adaptionen, wie die

◀ Die Obergeschoßzonenfassade zum Helmut-Zilk-Platz wurde im Historismus neu gestaltet und mit neobarocken Dekorelementen versehen

Errichtung der Albertina-Rampe nach dem Fall der Bastei und eine historistische neobarocke Neufassadierung.

Aktuell zeigt sich die Albertina als Stilkonglomerat. An der Basteifassade zum Burggarten hin ist Montoyers Entwurf trotz des neobarocken Zierrats noch gut zu erkennen. Der seichte Mittelrisalit wurde mit einem etwas pompösen Wappenstein gekrönt. Bemerkenswert an diesem Allianzwappen ist, dass das Wappen der Erzherzogin ranghöher links und das Alberts rangniedriger rechts angeordnet ist. Die Fenstereinrahmungen an dieser Fassade sind schlicht, dem Mittelrisalit ist ein balkontragender Portikus vorgestellt. Die südliche Stirnfront indes zeigt sich durchgängig in der neobarocken Fassadierung von 1865 bis 1869. Augenfällig sind dabei die kannelierten Pilaster der vier Mittelachsen. Der von der Basteianlage verbliebene, hoch über dem Straßenniveau befindliche Vorplatz wurde 2004 mit einem weit auskragenden, markanten Titanflugdach nach einem Entwurf von Hans Hollein versehen. Die Augustinerstraßenfront ist zweigeteilt. Den oberen neobarocken, 15-achsigen

▲ Löwenkopfkeilsteine zieren die Rundbogenfenster des Montoyer'schen Festsaales an der Hauptschauseite zum Burggarten

▲ Im Zuge der neobarocken Fassadierung 1865–69 wurden auf die ionischen Pilasterkapitelle stuckierte Lorbeergirlanden appliziert

Palais-Bereich gliedern seichte Risalite. Der mittlere ist in der Beletage mit einem kleinen Balkon versehen. Der massive Sockelbereich wurde 2003 postmodern gestaltet.

Das Innere der Albertina wurde teils von Louis Montoyer, teils von Josef Kornhäusel gestaltet. Eine umfassende Restaurierung erfolgte zwischen 2000 und 2003, wobei unter anderem der Innenhof überdacht wurde. Die Enfilade der habsburgischen Wohn- und Repräsentationsräume ist zumindest teilweise noch mit der Originalausstattung versehen. Prunkstück dieser Räume ist der von korinthischen Pilastern gesäumte Musensaal mit seinen zehn weißen Sandsteinfiguren von Josef Klieber, die Apollo und die neun Musen darstellen.

Die Sammlung Albertina zählt mit ihren Beständen zu den weltweit bedeutendsten Grafikkollektionen der Welt. Vertreten sind unter vielen anderen Werke von Bosch, Dürer, Cranach, Leonardo da Vinci, Raffael, Michelangelo, Rubens, Rembrandt, van Dyck, Goya, Cézanne, Klimt, Schiele, Kokoschka, Picasso, Warhol.

▶ Die südliche Albertinafassade wird durch kannelierte ionische Riesenpilaster und plastische barockisierende Stuckembleme unter den Giebelverdachungen strukturiert

Auch die Nachfolger von Albert und Marie Christine haben deren Sammlungstätigkeit fortgesetzt. Allen voran Erzherzog Carl. Nachdem Albert und Marie Christine kinderlos geblieben waren – ihre Tochter Christina war unmittelbar nach der Geburt verstorben –, hatten sie Marie Christines Bruder Leopold, den späteren Kurzzeitkaiser Leopold II. gebeten, dessen Sohn Carl adoptieren zu dürfen. Erzherzog Carl, der durch den ersten Sieg über Napoleon in der Schlacht bei Aspern Berühmtheit erlangte, war ab 1822 Alleinerbe der Sammlung Albertina und des Palais. Ihm folgte sein Sohn Erzherzog Albrecht nach. Der letzte habsburgische Eigentümer, Erzherzog Friedrich, ging 1919 ins ungarische Exil. Die Sammlung Albertina gehört seither der Republik Österreich.

Hotel Kaiserin Elisabeth

(1802–1804)

1010 Wien, Weihburggasse 3

▲ Josef Kornhäusels zurückhaltende Formensprache ist auch bei seinem Frühwerk, dem Hotel Kaiserin Elisabeth, deutlich erkennbar

Der gelbgetünchte, massive, vorkragende Bau zu Beginn der Weihburggasse ist Josef Kornhäusels erstes eigenständiges Werk. 1429 wurde an dieser Stelle erstmals ein Haus urkundlich erwähnt. Im Laufe der Jahrhunderte gab es mehrfache Eigentümerwechsel der Liegenschaft und Neubauten. Gebäude brannten ab oder wurden aus anderen Gründen demoliert und durch andere Bauten ersetzt. Im Vorgängerhaus soll Mozart von Mitte September bis Anfang Oktober 1767 gewohnt haben. Der aktuelle Bau entstand zwischen 1802 und 1804 nach Kornhäusels Plänen durch den ausführenden Baumeister Nikolaus Scheuch. Zum Eigentümer gibt es unterschiedliche Angaben. Sowohl ein Emanuel Dorin

▶ Die klassizistische Fassade des Hotels Kaiserin Elisabeth am Beginn der Weihburggasse zeigt sich noch im von Kornhäusel entworfenen Originalzustand

als auch Baron Buchberg werden in der Literatur erwähnt. Gesichert ist, dass in Joseph Johann Großbauers Verzeichnis der Wiener Hauseigentümer aus dem Jahre 1808 Franz Xaver von Buchberg als Eigner angeführt wird. 1804 wurde bereits per Hofdekret eine Wirtshauskonzession („Wirtshausgerechtigkeit") erteilt. 1809 geriet das Haus bei der Belagerung Wiens durch die napoleonischen Truppen in Brand, wurde aber umgehend wieder instand gesetzt. Im Laufe der vergangenen mehr als zweihundert Jahre war eine Reihe illustrer Persönlichkeiten im Hotel zu Gast. Manche von ihnen sind auf einer Ehrentafel vermerkt, wie Clara Schumann, Franz Liszt, Anton Bruckner, Moritz Schwind, Adolph Menzel, Edvard Grieg, Oskar Kokoschka. Während die Innenräume mittlerweile historistisch gestaltet sind, ist die klassizistische Fassade mit genutetem Sockel, den Giebelfenstern im ersten Obergeschoß und den gerade verdachten, additiv gereihten Fenstern in den weiteren Geschoßen erhalten geblieben.

Hofburg. Montoyer-Trakt

(1802–1806)

1010 Wien, Heldenplatz

▲ Diese Originallithographie zeigt den Montoyer-Trakt in seinem ursprünglichen Zustand mit der dreiachsigen Fassade zum Burgvorplatz. Später wurde hier der Trakt der Neuen Hofburg vorgesetzt.

Die Wiener Hofburg hat im Laufe der Jahrhunderte viele Umgestaltungen erlebt. Die größten Erweiterungen gab es im Barock und im Historismus. Der kleinste Trakt, der sogenannte Montoyer-Trakt, stammt aus dem Klassizismus. Louis Montoyer kam aus dem Hennegau, einer Region im Süden des heutigen Belgiens. Für Herzog Albert von Sachsen-Teschen und Erzherzogin Marie Christine hatte Montoyer während deren Zeit als Generalstatthalter und -statthalterin den Neubau des Schlosses Laeken ausgeführt. 1795 kam Montoyer mit Herzog Albert nach Wien. Sein erstes Werk in Österreich war die nicht mehr existente Redoute in Baden. Dann folgten die Umbauplanungen für das herzögliche Palais auf der Augustinerbastei,

▲ Montoyers harmonischer Fassadenanschluss zum rechtwinkelig zu dem neuen Bauteil stehenden frühbarocken leopoldinischen Trakt ist beispielhaft

die spätere Albertina. Doch noch bevor die Neugestaltung des Palais abgeschlossen war, quittierte Montoyer den Dienst bei Albert von Sachsen-Teschen und nahm eine Stellung bei Hofe an. Er wurde in der Folge Hofarchitekt und Titular-Hofarchitekt. In dieser Funktion plante er den Anbau des Zeremoniensaaltraktes, der wie eine Nase in den westlichen Burgvorplatz ragte. Dieser Festsaal für Kaiser Franz I. gilt als eines der bedeutendsten Raumkonzepte des Klassizismus in Österreich. Montoyer orientierte sich bei der Gestaltung sowohl an palladinischen Vorbildern als auch an französischen Prunksälen des 18. Jahrhunderts. Besonders eindrucksvoll ist der korinthische Säulenumgang des Saales. Gelber Stuckmarmor, ein Spiegelgewölbe mit Rosetten in kassetierten Deckenkehlen, korinthische Pilaster, hohe Spiegeltüren und ein reich verziertes Konsolengesims schaffen eine imposante Atmosphäre. Besonders bemerkenswert sind die zwanzig stuckierten, rechteckigen Interkolumnienlfriese, die Allegorien auf die Herrschertugenden des Kaisers (Franz I.), Szenen aus der griechischen Mythologie und der antiken Geschichte zeigen. Der Zeremoniensaal wurde als Thronsaal verwendet, für große Empfänge und wichtige gesellschaftliche Ereignisse.

Neben dem Zeremoniensaal ist auch der Marmorsaal Teil des klassizistischen Anbaus, ein eher kühler Raum in grauem Stuckmarmor über gelbem Sockel. Der zwar dem Montoyer-Trakt zugerechnete Wintergarten wurde indes im Zuge des im Historismus angefügten Flügels der Neuen Burg errichtet.

Von außen ist die klassizistische Fassade des Montoyer-Flügels nur mehr auf der Längsseite sichtbar. Die dem Ring zugewandte Schmalseite ist im Historismus verlängert und neobarock gestaltet worden. Die zurückhaltende Gestaltung des klassizistischen Ori-

▲ Kleine, maskenrelieftragende Reckteckfelder schließen die Sockelzone nach oben hin ab

◀ Der große Festsaal ist mit hohen Lünettenfenstern versehen (siehe auch S. 12)

▲ Joseph Amanns Entwurf für den Klosterneuburger Hof ist in seiner kargen Fassadengestaltung der Wiener Beamtenarchitektur zuzurechnen.

ginals ist typisch für Montoyer-Fassadierungen. Die Gliederung erfolgt durch schlichte Lisenen, Lünettenfenster in der Erdgeschoßzone und Maskenreliefs in den Supraportenfeldern. Die Rundbogenfenster im Zeremoniensaalgeschoß sind mit Kämpfern und Festons versehen.

Klosterneuburger Hof

(1803–1807)

1010 Wien, Plankengasse 6–7

Herzog Albrecht II., Sohn Albrechts I., des ersten Habsburgers in Österreich, war ein friedliebender Mensch und geschickter Diplomat. Ihm war die Festigung der habsburgischen Herrschaft zu danken, er genoss hohes Ansehen, sein Rat war gefragt. Auch als Kirchenstifter betätigte sich Albrecht II.; am bekanntesten ist die Kartause Gaming, die er auch zu seiner Grablege bestimmte. 1353 stiftete Albrecht in Wien eine den

beiden Heiligen Dorothea und Katharina geweihte Kapelle, der 1414 ein Kloster der Augustiner-Chroherren angeschlossen wurde. Im 15. Jahrhundert war das Dorotheerkloster für seinen prächtigen Kirchenschmuck und seinen Wein bekannt. (Die Weingärten lagen allerdings außerhalb der Stadtmauern.) Die wechselvolle Geschichte des Dorotheerklosters endete mit der josephinischen Kirchenreform, im Zuge derer es 1782 mit dem Augustiner-Chorherren-Stift Klosterneuburg vereint wurde. Der Konvent in der Stadt wurde aufgelöst. Ins Klostergebäude zog das Versatzamt (daher der Name Dorotheum) ein. Die Kirche wurde erst profaniert und dann abgebrochen. Auf dem weitläufigen Grundstück entstanden im Laufe der Zeit verschiedene Gebäude. Das neue Dorotheum, ein späthistoristischer Bau von Emil Förster, wurde 1898–1901 errichtet. Der sogenannte Klosterneuburger Hof indes, ein klassizistischer Zinshausblock, ist fast hundert Jahre älter. Die Pläne des 1803–07 erbauten Hofes stammen von Johann Amann, als dessen bedeutendstes Werk die Tierärztliche Hochschule gilt (siehe Band 2). Der Klosterneuburger Hof ist mit seiner schlichten, lise-

▲▼ Das Prunkstück des Klosterneuburger Hofs ist zweifelsohne die seit der Errichtung des Hauses im Erdgeschoß an der Ecke Spiegelgasse/Plankengasse befindliche Alte Leopoldsapotheke

▲▼ Die qualitätsvolle, einzigartige Empireeinrichtung der Alten Leopoldsapotheke ist noch zum großen Teil im Original erhalten und wird liebevoll und fachkundig gepflegt und bewahrt

nenähnlichen Wandfeldergliederung ein typisches Beispiel für die reduzierte Formensprache der sogenannten Beamtenarchitektur, zu deren Vertretern auch Amann gezählt wird.

Bemerkenswert ist die in der Erdgeschoßzone an der Ecke Plankengasse und Spiegelgasse untergebrachte Alte Leopoldsapotheke. Bis 1782 war die Anzahl der Apotheken im Wiener Stadtgebiet auf 13 beschränkt. Joseph II. hob diese Limitierung per Dekret auf. Bis 1814 gab es innerhalb der Mauern 17 pharmazeutische Betriebe, 22 weitere in den Vorstädten. Die Apotheke zum heiligen Leopold wurde einem erst kürzlich gefundenen Dokument zufolge um 1789 gegründet. Im Klosterneuburger Hof ist sie ab 1804 nachgewiesen. Nach einigen Eigentümerwechseln erwarb Siegmund Bloch 1897 den Betrieb, der später an Eduard Bloch weiterging. Im Zuge der NS-Machtübernahme in Wien wurde Eduard Bloch genötigt, die Apotheke abzugeben. Der von den Nazis eingesetzte kommissarische Leiter Edwin Renner verkaufte den Betrieb an Blochs Adoptivsohn Georg Hugh-Bloch zu dem von der Vermögensverkehrsstelle festgesetzten Preis von 40.296,22 Reichsmark. Eduard Bloch wurden 16.118,49 Reichsmark auf einem Sperrkonto gutgeschrieben. 24.177,73 behielten die Machthaber als sogenannte „Arisierungsauflage" ein. Eduard Bloch verstarb im Jahre 1940. Er liegt auf dem Wiener Zentralfriedhof begraben. Die Apotheke befindet sich weiterhin in Familienbesitz. Die äußerst sehenswerte Empire-Einrichtung des Geschäftslokales ist noch zum Gutteil im Original erhalten.

▶ Die Wappenkartusche der Collaltos wurde mittig über der Beletage angebracht

Zubau zum Collalto-Palais

(1804)

1010 Wien, Schulhof 8

Das Viertel zwischen Hof, Schulhof, Judenplatz und Tuchlauben weist eine Baugeschichte auf, die bis in die Zeit des Römerlagers Vindobona zurückgeht. Im Bereich des heutigen Platzes Am Hof befand sich ab 1155 die Babenbergerpfalz von Heinrich II. Jasomirgott. Während der folgenden rund zweihundert Jahre entstanden drei weitere Bauten in diesem Bereich, die 1384 zu einem Gebäude vereint wurden. Fundamente eines Turmes der Pfalz existieren noch im Keller des am Hof befindlichen Traktes des Collalto-Palais. Um 1525

▼ Bei der Fassadengestaltung seines Zubaus zum Collalto-Palais wählte Franz Wipplinger sowohl verspielt dekorative (Füllhörner) wie auch reduzierte Elemente (ionisches Pilasterportal)

▶ Die repräsentative Portalsituation zum Schulhof hin wird durch die Verwendung eines seichten Teilrisalits zusätzlich betont

wurde das Gebäude umgestaltet und 1560 von Kaiser Ferdinand I. um 2.600 Gulden erworben, wie „Der österreichische Volksfreund. Eine österreichische Staatengeschichte“ 1830 in seinem zweiten Band berichtet. Ferdinand richtete in diesem Gebäude die „Adelige Landschaftsschule auf dem Hofe“ ein und stattete sie „mit einem jährlichen Einkommen von 1000 Gulden, 100 Klaftern Holz, 200 Eimern Wein, 10 Muth Getreide“ aus. Ferdinand übergab die Schule den Jesuiten, die sie 1565 an die Dominikaner abtreten mussten. Gelehrt wurden Religion, Schreiben und Rechnen sowie Latein und Griechisch. „Die Zöglinge mussten an Sonn= und Feyertagen dem Hof= und Gottesdienste bei den Augustinern, in Abwesenheit des Hofes bei St. Stephan beiwohnen“, heißt es im „Österreichischen Volksfreund“. Zu Beginn des 17. Jahrhunderts erstand

◀ Augenfällig sind die festongezierten Supraportenreliefs in der Beletagezone

Graf Georg Thurzo von Bethlehemsfalva das Gebäude am Hof und die Liegenschaft Parisergasse 1. 1620 wurde Thurzo genötigt, seine Besitzung wieder abzugeben, die an Rambaldo XIII. Graf Collalto überging. Zwischen 1628 und 1680 wurden Umgestaltungen der Innenräume vorgenommen. Die aktuelle hochbarocke Fassade ist um 1730 entstanden. Auf einer Ansicht aus dem späten 18. Jahrhundert ist die Front in der Attikazone mit einem Dreiecksgiebelfeld überkrönt. Dort befinden sich nun fünf Gaupenfenster. Ab 1800 erfolgte ein umfassender Umbau im Bereich des Schulhofes und der Parisergasse. Erst wurde ein ebenerdiger Stall errichtet, der schon 1804 durch einen klassizistischen Zubau nach Plänen von Franz Wipplinger ersetzt wurde. Wipplinger hat diesen Trakt mit einer klar gegliederten 15-achsigen geknickten Fassade zum Schulhof hin versehen. Die genutete Sockelzone zieht sich auch noch um die Ecke in die Parisergasse hinein. Augenfällig sind die mit Festons versehenen Überdachungen der Fenster in der Beletage am Schulhof. Der leicht vorkragende Portalbereich trägt einen schmalen Balkon, dessen schmiedeeisernes Gitter mit den Initialen des

Bauherrn Conte Odoardo Collalto (COC) geschmückt ist. Je zwei ionische Pilaster säumen das Tor. Zwischen den Pilastern wurden in Überkopfhöhe großformatige, dekorative Reliefs in die Fassade eingefügt.

Esterházysches Fideikommisshaus (Erweiterungsbau) (1805–1820)

1010 Wien, Naglergasse 9

Bereits seit dem 14. Jahrhundert sind Gebäude im Bereich des Haarhofs nachweisbar. Der Haarhof selbst wird um 1300 erstmals als „curia craftonis" erwähnt. Der Name Haarhof stammt von den ab 1444 als hier ansässig erwähnten Flachshändlern. Drei in der Wallnerstraße (hier waren ab 1306 Tuchwalker zu Hause) befindliche Häuser gelangten zwischen 1612

▶ Die schmale Naglergasse erschwert die genauere Betrachtung der Details von Charles Moreaus subtiler Fassadengestaltung des Esterházyschen Fideikommisshauses

◀ Von der Irisgasse aus lässt sich Moreaus blockartige Gestaltung zum Haarhof hin besser erkennen

und 1668 in den Besitz der Familie Esterházy. Ab 1687 ließ sich Fürst Paul Esterházy von Francesco Martinelli ein barockes Palais erbauen, das bis zum Ende des 18. Jahrhunderts noch mehrmals umgestaltet und erweitert wurde. Ab 1805 wurde der Erweiterungsbau an der Naglergasse höchstwahrscheinlich nach einem Entwurf von Charles Moreau errichtet. Fürst Nikolaus II. Esterházy hatte Moreau bei einem Parisaufenthalt kennengelernt und nach Wien eingeladen. Moreaus erste Arbeit für die Esterházys waren Umgestaltungen und Erweiterungen am Schloss in Kismarton (heute Eisenstadt). Moreaus Urheberschaft des Eckhauses an der Naglergasse ist nicht gesichert, doch es erscheint logisch und schlüssig, dass die Pläne dafür von Moreau stammen, der sich in Wien vom französischen Revolutionsklassizismus weg und hin zu einer reduzierteren Formensprache entwickelte. Moreau war mit seinen Entwürfen recht erfolgreich und konnte in der Folge mehrere Großprojekte in Wien verwirklichen, wie beispielsweise das Palais Pálffy (siehe S. 110 ff.), das Banco-Gebäude (siehe S. 122 ff.), das Palais Sternberg (siehe Band 2) oder die nicht mehr erhaltenen Palais Lubomirski und Esterházy-Erdödy.

Das Haus Naglergasse 9 war Teil des Esterházyschen Fideikommisshauses. Der Fideikommiss war eine erbrechtliche Festlegung, mit der die Verfügung über ein Erbgut eingeschränkt wurde. Das Wesen dieser Einrichtung bestand darin, sicherzustellen, dass Liegenschaften und Vermögenswerte durch einen Stiftungsakt zusammengefasst und weder ganz noch teilweise veräußert werden durften, sondern ausschließlich den Erben zur Nutzung zur Verfügung zu stehen hatten. Regelungen dieser Art gab es in Österreich seit dem 17. Jahrhundert. Mit der NS-Herrschaft 1938 wurde die Wirksamkeit solcher Fideikommisse per Reichsgesetz aufgehoben.

▼ Mit Rundbogennischen und dreiachsigen Fensterädikulen wird die Naglergassenfassade zusätzlich gegliedert

Die subtile Fassadengliederung des Fideikommisshaustraktes an der Naglergasse ist erst auf den zweiten Blick zu erkennen. Sowohl die Naglergasse wie der Durchgang zum Haarhof sind sehr schmal. Es gibt nur wenige Stellen, von denen aus die Qualität des Entwurfs gut zu sehen ist. Die genutete Sockelzone zur Naglergasse weist zwei große Rundbogennischen mit eingebauten Geschäftsportalen auf. Im zweiten und dritten Obergeschoß wurden mit je zwei dreiachsigen Fensterädikulen markante Akzente gesetzt, wobei diejenigen in der zweiten Etage gerade, die in der dritten mit Dreiecksgiebeln überdacht sind. Bemerkenswert ist auch das weitverzweigte, tonnengewölbte Kellersystem unter den Gebäuden. Ein Teil davon wird von einem Lokal im Fideikommisshaus genutzt.

Palais Pálffy (1809–1813)

1010 Wien, Wallnerstraße 6

Das Adelsgeschlecht der Pálffy ist spätestens seit dem 15. Jahrhundert nachweisbar. Als Gründer der Dynastie gilt Paul von Konth aus Hédervár an der Donau,

▼ Göttergestalten zieren die Lünettenreliefs der Palais-Pálffy-Fassade an der Wallnerstraße

▲ Auffällig bei Moreaus Entwurf ist der deutliche Geschoßhöhenunterschied zwischen der Beletage und der Obergeschoßzone

unweit von Györ. Schon der Vater hatte Paul geheißen, so wurde der Sohn zum Pauli Filius, aus dem wiederum das Wort Pálffy abgeleitet wurde. Der Erste dieses Namens war Nikolaus Pálffy. Dessen Sohn Laurentius, im Jahre 1449 geboren, „starb in der Schlacht bei Mohács 1526 als Anführer der von den Preßburger Komitat gestellten Rittern den Tod der Helden", wie das 1791 von Johann David Hummel auf der Freyung gedruckte „Allgemeine Adels=Archiv der österreichischen Monarchie" vermerkt. Spätestens seit dem 16. Jahrhundert waren Pálffys auch in Wien ansässig. So gelangte nach dem Tode Rudolfs von Lamberg 1581 dessen Palais an der Augustinergasse (später Josefsplatz) in den Besitz seiner Witwe Maria Magdalena, einer geborenen Pálffy, und somit in deren Familie. Das Pálffy-Palais in der Wallnerstraße entstand zwischen 1809 und 1813 anstelle eines zuvor schon den Pálffys gehörenden Gebäudes. Als Bauherr wird in der Literatur im Allgemeinen ein Johann Graf Pálffy angeführt. (Allerdings lassen sich im weitverzweigten

Stammbaum der Familie zu jener Zeit mindestens drei Pálffys mit dem Vornamen Johann finden.)

Die Pläne für das neue Palais kamen von Charles Moreau. Der langgestreckte, elegante Bau folgt einer leichten Krümmung der Wallnerstraße. Die genutete Erdgeschoßzone dominiert den ersten Eindruck durch eine Reihe von kämpferverbundenen Lünettenfenstern, deren Bogenfelder mit Reliefs versehen worden sind. Diese zeigen Götterfiguren wie Apollo, Zeus oder Artemis sowie allegorische Genien und Putten. Die Obergeschoße indes sind eher schlicht gehalten, mit additiv gereihten, gerade verdachten (in der ersten Etage), profilierten Rechteckfenstern auf zartem Konsolengesims. Das Innere des Gebäudes wurde von Raphael Rigel 1818 gestaltet und 2005–07 aufwendig restauriert. Von ganz besonderem Interesse sind die beiden Festsäle mit ihren kunstvoll intarsierten Parkettböden und den kostbaren Seidentapeten, die zwischen 1782 und 1788 in Lyon gefertigt wurden. Das Palais Pálffy in der Wallnerstraße ist aktuell Sitz der OSCE in Wien.

▲ Additive Fensterreihungen (hier mit geraden Überdachungen) wurden bei den Bauten des Wiener Klassizismus recht häufig verwendet

Palais Modena (1812)

1010 Wien, Herrengasse 7

Am 6. Jänner 1808 heiratete Franz I. seine um gut zwanzig Jahre jüngere Cousine Maria Ludovica Beatrix Antonia Josepha Johanna Erzherzogin von Österreich-Este und Prinzessin von Modena. Die 1787 in Monza geborene Maria Ludovica hatte ihre ersten Lebensjahre in der Lombardei verbracht, war aber 1796 nach dem Einfall der napoleonischen Truppen mit ihren Eltern, Erzherzog Ferdinand Karl und Erzherzogin Maria Beatrice, sowie dem Großteil ihrer Geschwister über Triest nach Wiener Neustadt geflohen. 1803 erwarb die Familie das Palais Ulfeld (ab 1853 Dietrichstein-Palais) am Wiener Minoritenplatz. Für die Sommermonate wurde das Gartenpalais Strozzi in der Josefstadt angemietet. 1806 kaufte Maria Beatrice von Eleonore Fürstin von Liechtenstein ein Gartenpalais

▼ In dem für Erzherzogin Maria Beatrice nach Entwürfen von Luigi Pichl errichteten Modena-Palais residiert nun das Österreichische Innenministerium

auf der Landstraße, in der damaligen Rabengasse, der späteren Beatrixgasse. Der aus der Lombardei stammende Luigi Pichl (auch Alois Pichl), der schon im Palais Ulfeld verschiedene Umbauten und Adpatierungen vorgenommen hatte, wurde beauftragt, das Gartenpalais umfassend neu zu gestalten. Pichl stand bei diesen Arbeiten der erfahrene Baumeister Franz Wipplinger zur Seite. Das Gartenpalais Modena, wie es in der Folge genannt wurde, war ein exemplarisches Beispiel für einen klassizistischen Gesamtkomplex. Die vormals barocke Gartenanlage wurde in einen englischen Landschaftsgarten umgewandelt, es entstanden Glashäuser, Gartenpavillons, Zubauten zum Palais. Die treibende Kraft hinter diesem Bauvorhaben war Maria Beatrice. Ihr Gemahl Erzherzog Ferdinand Karl war schon im Dezember 1806 verstorben. Das Gartenpalais Modena existiert nicht mehr, es wurde 1916 demoliert. An seiner Stelle befindet sich nun ein von Carl Appel in den 1950er Jahren entworfener Wirtschaftskammerzweckbau von mäßigem Charme.

▲ Imposante Löwenmasken zieren die beiden Portalflügel

◀ Die Portalsituationen entsprechen noch den Pichl'schen Entwürfen. Auch die Radabweiser sind noch vorhanden.

▲ Zweiachsige, übergiebelte Seitenrisalitkuben flankieren die langgestreckte Palaisfront zur Herrengasse

Der Einmarsch Napoleons in Wien im Jahre 1809 veranlasste Maria Beatrice, Wien zu verlassen und ins ungarische Exil zu gehen. Im Frühjahr 1810 veräußerte ihr Schwiegersohn, Kaiser Franz I., das Palais am Minoritenplatz. Weil Maria Beatrice bei ihrer Rückkehr nach Wien wieder ein Stadtquartier beziehen wollte, beauftragte sie noch von Ungarn aus Luigi Pichl damit, ein passendes Palais zu suchen. Ihre Präferenz war das Palais Dietrichstein in der Herrengasse, doch der geforderte Preis erschien ihr zu hoch, sodass sie das Palais Starhemberg und das Palais Palm als mögliche Alternativen ins Auge fasste. Nach langen Verhandlungen konnte sie schließlich doch das gewünschte Dietrichstein-Palais im Mai 1811 für 285.000 Gulden erwerben. Der Umbau nach Luigi Pichls Plänen ging allerdings zum Ärger der Erzherzogin nur schleppend voran. Gründe dafür waren schlechtes Wetter, erhebliche Mängel an der vorhandenen Bausubstanz – so schildert Maria Beatrice in einem Brief an ihren Sohn Franz vom Oktober 1812 den schlechten Zustand der Mauern –, aber auch hohe Materialkosten. Die wirtschaftliche Lage der Monarchie war desaströs. Die Folgen der Napoleonischen Kriege sowie der geplatzten Spekulationsblase und des von Franz I. erklärten Staatsbankrotts im Feber 1811 wirkten sich auch massiv auf die Bautätigkeit aus. Zu ihrem Bedauern war Maria Beatrice gezwungen, entgegen ihrer Planung einen zweiten Winter – von 1812 auf 1813 – in ihrem Gartenpalais in der Rabengasse zu verbringen. Erst im Dezember 1813 übersiedelte Maria Beatrice in ihr noch immer nicht völlig fertiggestelltes Palais in der Herrengasse.

Im Kern war das Dietrichstein-Palais ein Gebäudekomplex aus der Renaissance, der – entstanden zwischen 1515 und 1547 – um zwei Straßenhöfe gruppiert gewesen war. In der Spätrenaissance hatte man die Höfe durch die Errichtung eines Straßentraktes geschlossen. Im 17. Jahrhundert hatte der Bau eine einheitliche frühbarocke Fassade erhalten, die Giovanni Pietro Tencalla zugeschrieben wird. Tencalla war Hofarchitekt Kaiser Leopolds I. und plante un-

▼ Reich stuckierte Kranzgesimse schließen den Baukörper nach oben zu den Giebeln und zur Attikabalustrade hin ab

▶ Der seichte Seitenrisalit markiert eine klare Trennung zum rechts anschließenden schmalen barocken Mollard-Clary-Palais

ter anderem das Palais Lobkowitz (gemeinsam mit Johann Bernhard Fischer von Erlach), das Schloss Kremsier und das Erzbischöfliche Palais in Olmütz.

Bei der Umgestaltung des Dietrichstein-Palais bildeten die Renaissancegrundmauern den formalen äußeren Rahmen, innerhalb dessen sich Luigi Pichl bewegen konnte. Er merkte dies auch in einem Schreiben an Metternich im Jahre 1815 an: „6. das Palais in der herrenGasse /: bey welchen der Künstler zwar sehr gebunden war:/". Der Zustand der alten Mauern machte zudem die ursprünglich von Maria Beatrice erwogene Aufstockung um ein drittes Geschoß unmöglich. So blieb die Struktur des langgestreckten, eher niedrigen Komplexes erhalten. Luigi Pichl war nicht der Alleinarchitekt am Modena-Palais. Ihm zur Seite stand

▲ Für die Beletage wählte Luigi Pichl eine additive Giebelfensterordnung auf einem dezenten Sockelgesims

sein ebenfalls aus der Lombardei stammender Kollege Giacomo Quarenghi. Es ist allerdings nicht zweifelsfrei gesichert, welchen Anteil Quarenghi an dem Bauvorhaben wirklich hatte. In der Literatur finden sich dazu unterschiedliche, mitunter völlig konträre Angaben. So werden beispielsweise mancherorts Ähnlichkeiten der Fassade mit derjenigen des Petersburger Hermitage-Theaters von Quarenghi festgestellt. Eine Ansicht, die man nicht unbedingt teilen muss und die auch keineswegs die Urheberschaft Quarenghis für den Fassadenentwurf in der Wiener Herrengasse belegt. Aus dem Briefwechsel Maria Beatrices mit ihrem Sohn lässt sich vielmehr eine gewisse Rollenverteilung ableiten. So sollte Pichl federführend tätig sein und Quarenghi ihn eher beraten. Auch wenn Maria Beatrice mit Pichl recht zufrieden war und ihm vertraute, so äußerte Erzherzog Franz doch Bedenken, ob der damals dreißigjährige Pichl für dieses große Projekt schon ausreichend qualifiziert sei und hielt die beaufsichtigende Tätigkeit des erfahrenen und fast vierzig Jahre älteren Quarenghi für äußerst nützlich („capisco che Quarenghi sará molto útile"). Außer Zweifel steht, dass sich Quarenghi nicht allzu lange in Wien aufhielt. Bereits 1812 war er wieder in Russland.

▲ Die Obergeschoßzone wird durch ein Mäanderfries nach unten abgegrenzt (links). Der Sockelbereich ist durchgängig rustiziert.

1814 wurde ihm dort ein Adelstitel verliehen. Im selben Jahr entstand nach seinen Plänen die erste – noch hölzerne – Version des Narva-Triumphbogens in St. Petersburg zum Gedenken an den Sieg über Napoleon.

In Wien wurde derweil eifrig am Modena-Palais gebaut. Hier dominiert über einem einheitlichen rustizierten Sockel eine additive Giebelfensterreihe in der Beletage das Erscheinungsbild der Fassade. Dazwischengestellte korinthische Pilaster sorgen für eine gleichförmige Gliederung. Bemerkenswert sind die seichten, übergiebelten Seitenrisalite und die beiden Balkonportale mit ihren kunstvoll gestalteten, löwenkopfverzierten Toren. Bei der Innengestaltung musste sich Maria Beatrice infolge ihrer angespannten finanziellen Situation einschränken. Nicht alle ihre Wünsche konnten umgesetzt werden. Auch dies geht aus der Korrespondenz mit Erzherzog Franz hervor. Nichtsdestoweniger ist das Modena-Palais ein beeindruckender Bau von hoher Bedeutung in der klassizistischen Architektur Österreichs. Speziell hervorzuheben sind im Inneren das Stiegenhaus mit seinen Wandpfeilerarkaden, die von ursprünglich vier Statuen nach antiken Vorbildern geschmückt waren, nämlich Apollo, Diana, Ceres und Minerva. Der Bildhauer Giuseppe Pisani erhielt für seine Arbeit insgesamt 2.000 Gulden, wie aus den Rechnungsbüchern hervorgeht. Die Apollo-Statue ist im Laufe der Jahrhunderte verloren gegangen. Ihr Verbleib ist ungewiss. – In der Raumfilade der Beletage spielt das Oktogon eine zentrale Rolle. Zum einen werden über das Oktogon alle anderen wichtigen Räume erschlossen. Zum anderen ist die reichhaltige Ausstattung von besonderem künstlerischem Wert. Die eingeschnittenen Arkadennischen sind abwechselnd von Türen durchbrochen oder mit Spiegeln versehen. Unterhalb der Arkadenbögen wurden acht lünettenförmige Wandreliefs mit Götterdarstellungen hoher Qualität angebracht. Diese Reliefs sind Werke von Josef Klieber. Zu einem davon – Bacchus und Ariadne – ist eine Entwurfszeichnung erhalten geblieben, die sich nun im Museum für angewandte Kunst (MAK) befindet. Von besonderem Interesse ist auch die reich stuckierte Decke des Oktogons, die vom Bildhauer Michael Nesselthaler gefertigt wurde. Das ans Oktogon angrenzende Besprechungszimmer ist mit einer bemerkenswerten Vielfalt an Grisaillemalereien dekoriert. Der große Festsaal liegt im Hoftrakt und ist ein typisch klassizistischer Repräsentationssaal mit gerahmten Stuckmarmorfeldern, korinthischen Halbsäulen, Grisaillefries, Konsolendecke und Marmorkamin. Zu einem Seitenteil dieses Raums existiert eine kleine Entwurfzeichnung von Quarenghi.

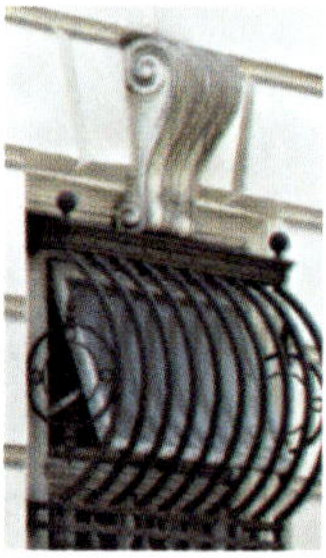

▲ Mehrfach verwendete Pichl Volutenvariationen bei der Fassadengestaltung

Maria Beatrice, die hoher Sachverstand in künstlerischen Fragen auszeichnete und die die Künste großzügig förderte, blieb bis zu ihrem Tode in Wien und lenkte von hier aus ihre Besitzungen in Italien, auch die Kunstpatronage verschiedener Projekte, unter anderem in Carrara und Massa. Das Palais in der Herrengasse erbte nach Maria Beatrices Ableben im Jahre 1829 Erzherzog Franz. Er residierte zu jener Zeit in Modena und vermietete das Palais an Prinz Gustav Wasa, den Sohn des ehemaligen schwedischen Königs Gustav IV. Adolf. Der neue Mieter wünschte Adaptionen, die von Luigi Pichl durchgeführt wurden. Dafür musste einiger Aufwand betrieben werden; allein für die Arbeiten im Ballsaal (Wandornamente, Vergoldungen, Stuck, Kapitelle) legte Pichl einen Kostenvoranschlag von 10.701,54 Gulden. 1842 verkaufte Erzherzog Franz das Modena-Palais an die k.k. Staatsverwaltung, die hier ihre k.k. Polizei- und Zensurhofstelle einrichtete. Heute beherbergt das geschichtsträchtige Gebäude in der Herrengasse 7 das Innenministerium der Republik Österreich.

▶ Die beiden Balkonportale betonen die symmetrische Gliederung der Herrengassenfront

◀ Mit der Gründung der Nationalbank und der Errichung des Banco-Gebäudes begann eine neue Phase in der österreichischen Wirtschafts- und Finanzgeschichte

Oesterreichische Nationalbank und Nebengebäude

(1819–1824 und 1839)

1010 Wien, Herrengasse 17 und Landhausgasse 2

„WIR FRANZ der ERSTE, von Gottes Gnaden Kaiser zu Oesterreich; König zu Hungarn und Böhmen; Erzherzog zu Oesterreich, etc. etc. Unausgesetzt mit der Wohlfahrt Unserer Unterthanen beschäftiget, haben Wir auf das Papiergeld (Bancozettel) Unsere besondere Aufmerksamkeit vorlängst gerichtet, Uns nicht allein in dem Patente vom 26. Hornung 1810 des Rechtes, solches zu vermehren, begeben, sondern auf die allmählige Verminderung des bereits bestehenden Papiergeldes und die hierdurch mögliche Gleichstellung desselben zu dem Metallgelde, durch die in dem besagten Patente enthaltenen Maßregeln fürgedacht." Mit diesen Worten begann die Erklärung des Staatsbankrotts am 20. Feber 1811. Spekulation und die enormen Kriegskosten hatten die Inflation in der ersten Dekade des 19. Jahrhunderts stetig steigen lassen. Kaiser Franz I. hatte den Finanzierungsbedarf des Staatshaushaltes über das Drucken von Papiergeld gedeckt. Zu diesem Behufe war sogar eine eigene Druckanstalt, die „K.k. Hof- und Staatsdruckerei" am Rennweg, eingerichtet worden. Doch den ausgegebenen Bancozetteln standen keine entsprechenden realen Werte gegenüber. Im Dezember 1810 gab es für den Papiergulden nur mehr 15 Prozent des Nominalwertes der Bancozettel. 1811 waren Bancozettel im Wert von über 1,061 Millionen Gulden im Umlauf, von denen rund 80 Prozent ungedeckt waren. Für 1 Silbergulden musste man schon $8^1/_3$ Gulden in Bancozetteln hinlegen. Der Zwang zur Annahme dieser Bancozettel führte sogar zu Revolten unter den Soldaten. Auf Anraten des Hofkammerpräsidenten Joseph Graf Wallis

▼ Charles Moreaus elegante Fassadengestaltung ist mitunter erst auf den zweiten Blick erkennbar

entschloss sich der Kaiser per Finanzreformpatent zur Abwertung der Papierwährung um 80 Prozent. Die Bancozettel wurden sukzessive gegen neu emittierte papierene Einlösungsscheine getauscht. Alte Bancozettel und neue Einlösungsscheine bildeten bis 31. Jänner 1812 gemeinsam die sogenannte „Wiener Währung". Übermäßiger Erfolg war dieser Finanzreform allerdings nicht beschieden. Auch das neue Geld verlor rasch an Wert und das Missverhältnis zwischen obrigkeitsstaatlichem Wollen, inflationstreibenden Militärausgaben und ökonomischer Realität brachte das Land zu Kriegsende erneut an den Rand des wirtschaftlichen Kollapses.

Nach den Wirren der Napoleonischen Kriege und mit der Etablierung einer neuen politischen Ordnung bedurfte es dringend stabiler Rahmenbedingungen für die Wirtschaft. Vor allem galt es, den Finanzmarkt neu zu organisieren und das Vertrauen in die Währung wiederherzustellen. Schon im Jahre 1812 hatte der Bankier Freiherr Melchior von Steiner dem Kaiser ein Projekt einer Emissionsbank unterbreitet und 1814 erarbeitete auf Vorschlag des ersten Kanzlers und Leiters des Finanzministeriums, Aloys Graf von und zu Ugarte, eine kleine Kommission ein Papier zur Neugestaltung des Finanzwesens aus. Hauptverantwortlich dafür war Franz Freiherr von Pillersdorf; so war in der Folge auch vom Pillersdorf'schen Entwurf die Rede. Pillersdorf verfolgte zwei wesentliche Ziele. Zum einen wollte er jegliches Papiergeld einziehen, zum anderen sollte eine Bank gegründet werden, deren Vermögen dem der ausgegebenen neuen Münzen entsprechen müsse. Pillersdorfs Ansatz wurde vom Kommissionsmitglied Hofrat Karl Friedrich Kübeck heftig kritisiert. Er wollte das vorhandene Papiergeld erst allmählich

▲ Moreaus Fassadendatails: korinthische Pilaster, Giebelfenster mit Volutenkonsolen, Kranzgesims

in Münzen umwechseln und schlug dazu unter anderem die Einführung einer Lotterie vor, deren Gewinne in Münzen ausgezahlt werden sollten. Für Kübeck war die Gründung einer Emissionsbank kein vordringliches Ziel. Nachdem Graf Ugarte im Herbst 1814 in seinem Amt als Finanzminister von Franz Graf Stadion abgelöst worden war, wurde das Projekt der Währungsumstellung vorerst gestoppt. Graf Stadion wollte die endgültige Niederlage Napoleons abwarten, bevor weitreichende Schritte zur Neuordnung des österreichischen Finanzwesens gesetzt würden. Mit der Unterzeichnung des Zweiten Pariser Friedens am 20. November 1815 befand sich Österreich in einer glücklichen Situation. Die zuvor verlorenen Gebiete kamen zurück in die habsburgische Monarchie, zugleich wurden Kriegsentschädigungszahlungen in Aussicht gestellt, die in Metallmünzen bezahlt werden sollten. Unter dem Vorsitz des Grafen Stadion wurde eine Konferenz „über die Regulierung des österreichischen Geld-Circulationssystems“ einberufen und am

▶ Die geschlossenen Lünetten mit ihren gestuften Archivolten dominieren die Fensterreihe in der ersten Obergeschoßzone

31. Jänner 1816 stellte der Finanzminister in einem Vortrag das Projekt einer neuen Emissionsbank vor. Diese sollte vier Aufgaben erfüllen können. Die Zettelbank würde Banknoten ausgeben, für deren Deckung der Staat einen Fonds von 47 Millionen Gulden bereitstellte. Die Escomptebank sollte sichere Wechsel escomptieren und die Fonds dafür durch Aktienbegebung beschaffen. Die Hypothekenbank sollte Darlehen gegen Absicherung durch Realitäten bieten. Ein Tilgungsfonds diente zur Verwaltung und Einlösung einer künftigen verzinslichen Staatsschuld.

Die rechtliche Grundlage für die Neugestaltung des Bankwesens bildeten das „Finanzpatent" und das „Bankpatent", die am 1. Juni 1816 kundgemacht wurden. Die Direktion der neuen Bank sollte aus acht Mitgliedern bestehen. Die Vereinigte Einlösungs- und Tilgungsdeputation, der Bürgerliche Handelsstand, das Wiener Großhandlungsgremium und die Privilegierten Landesfabrikanten durften je sechs Kandidaten benennen. Aus den Vorschlägen wählte der Kaiser am 12. Juni 1816 acht provisorische Bankdirektoren aus,

◀ Der Mittelrisalit an der Front zur Herrengasse wird durch eine Riesenpilasterordnung und Giebelfenster gegliedert

▶ Leopold Mayrs Nebengebäude an der Ecke zur Landhausgasse ist durch eine außergwöhnlich hohe rustizierte Sockelzone charakterisiert

die wiederum am 17. Juni 1816 Graf Adam Nemes zum ersten provisorischen Bankgouverneur der „privilegierten österreichischen Nazionalbank" wählten. Am 1. Juli 1816 nahm die neue Bank ihren Betrieb auf.

Im „Plan der k.k. Haupt- und Residenzstadt Wien mit Bemerkung der Haus-Numern und Gassen der K.K. und Staatsgebäuden, der Fürst- und Gräflichen Häuser, aus sonst Sehenswürdigen Gegenständen Samt Anzeige der Eintrittstagen – abgetheilt in die Viertel zur Bequemlichkeit für In- und Ausländer ausgefertiget von G. A. Zürner", der um 1800 von Franz Müller „gezeichnet und gestochen" worden war, besteht der Häuserkomplex zwischen Herrengasse, Vorderer Schenkenstraße (heute Bankgasse) Minoritenplatz und Landhaus aus sechs Gebäuden, von denen eines

◀ Die durchgängige additive Fenstergliederung verleiht der Fassade des Nebengebäudes ein gleichmäßiges Erscheinungsbild

dem Grafen Kinsky und eines dem Fürsten Auersperg zugerechnet wird. Der bei Artaria 1819 herausgegebene Plan zeigt eine nahezu unveränderte Situation. Fünf Jahre später indes ist im Artaria-Plan die „Oesterreichische National Bank" bereits eingezeichnet. Drei Gebäude waren abgerissen worden. An ihrer Stelle befand sich nun ein klassizistischer Neubau nach Plänen von Charles Moreau, mit deren Ausführung der Moreau-Schüler Raphael Rigel betraut wordem war.

Das Nationalbankgebäude war Moreaus letztes großes Bauvorhaben in Wien. In der Literatur dazu ist mitunter von einem kubischen Komplex die Rede. Wiewohl der Gesamtbau ein quaderförmiger Block ist, lässt die Fassade, speziell zur Herrengasse hin, durchaus auch kubische Strukturen erahnen. Die Enge von Herrengasse und Bankgasse verhindert, dass Moreaus Spätwerk in seiner ganzen Qualität gut erkannt werden kann. Im Gegensatz zum rund zehn Jahre zuvor errichteten privaten Palais Pálffy in der Wallnerstraße wählte Moreau beim Banco-Gebäude eine abwechslungsreiche Fassadengliederung mit zwei Risaliten an der Bankgassenfront und einem Mittelrisalit in

▶ Zum Vergleich: Charles Moreau bediente sich einer Vielzahl unterschiedlicher Elemente, um seine Fassade abwechslungsreich zu gestalten

der Herrengasse. Eine korinthische Riesenpilasterordnung mit Giebelfenstern im ersten Obergeschoß über dem imposanten Eingangsportal betont den repräsentativen Charakter der Hauptfront zur Herrengasse. Die Seitenteile wie auch die Front zur Bankgasse werden von einer zweigeschoßigen Bogenfolge auf Pilastern dominiert. Die Giebelkrönung mit einem Relief von Josef Klieber wurde 1874 abgetragen und durch eine dreiteilige Fensterfolge im Attikageschoß ersetzt. Während die Zeitgenossen Moreaus laut der Kunsthistorikerin Renate Wagner-Rieger dem Bau noch „edlen griechischen Stil" attestierten, wurde im Historismus von einem „in architektonischer Hinsicht ziemlich mangelhaften Gebäude" gesprochen.

Die Qualität von Moreaus Entwurf lässt sich recht einfach anhand der beiden unmittelbar anschließenden Ergänzungsbauten der Nationalbank in der Landhausgasse 2 und der Bankgasse 3 beurteilen. Das Eckhaus Bankgasse 3 ist ein strenghistoristischer Bau von Friedrich Schmidt aus den Jahren 1872–75. Eine solide Lösung, aber fraglos kein Höhepunkt in Schmidts Schaffen. Das Nebengebäude in der Landhausgasse entstand nach Plänen von Leopold Mayr (auch Mayer).

Mayr war der Schwiegersohn des höchst erfolgreichen Vormärz-Baumeisters Josef Klee und ein vielbeschäftigter Bauunternehmer in der Zeit zwischen 1835 und 1860, der sich nach 1848 auch politisch bei den Liberalen betätigte. Sein größtes Bauvorhaben war die Errichtung des Arsenals nach Plänen von Hansen, Siccardsburg & Van der Nüll, Rösner, Förster und Rigel. Beim spätklassizistischen Nebengebäude der Nationalbank stammt auch der Entwurf von Mayr. Die Obergeschoßzone besteht aus drei Etagen mit teils gerade überdachter additiver Fenstergliederung und ansonsten glatter Fassade. Sie ruht auf einem hohen, rustizierten zweigeschoßigen Sockel mit Rundfenstern im Erdgeschoßbereich. Zur Herrengasse hin sind hier nun Geschäftslokale untergebracht. Zu Nationalbankzeiten befanden sich hier die Schalterräume.

▲ Die Metopen am Theseustemel tragen keinerlei Dekor

Theseustempel (1819–1823)

1010 Wien, Volksgarten

Wien war immer ein Anziehungspunkt für Architekten aus halb Europa. Der im Tessin geborene Pietro Nobile wuchs in Triest auf und studierte zwischen 1798 und 1806 in Wien und Rom. 1806 begann er als Praktikant im Wiener Hofbauamt. Im Laufe seiner mehr als vierzigjährigen Berufstätigkeit hatte Nobile vor allem als Lehrender und Theoretiker große Bedeutung. Als gesicherte eigenständige Bauwerke Nobiles sind wahrscheinlich nur 13 Objekte – vor allem im Raum Triest und in Wien und Umgebung – erhalten. Einige seiner Bauten, wie das ehemalige Schottentor oder die Sommervilla Metternich auf der Landstraße, wurden wieder abgebrochen, andere waren Umgestaltungen,

▲ Der Theseustempel ist Wiens einziger Museumsbau, der eigens für ein ganz bestimmtes Kunstwerk errichtet wurde: die Kentauren-Gruppe von Antonio Canova (jetzt im Kunsthistorischen Museum).

die mitunter wieder rückgängig gemacht wurden. In Wien ist der Theseustempel als Nobiles wichtigster Bau anzusehen. Vorbild für den Theseustempel war das Theseion in Athen, der Tempel des Hephaistos, der als einer der am besten erhaltenen antiken griechischen Tempel gilt.

Hintergrund für die Errichtung des Theseustempels war der Ankauf eines Kunstwerkes durch Franz I. Im April 1816 hatte der Kaiser bereits, in Begleitung des damaligen Baudirektors für das österreichische Küstenland, Pietro Nobile, die italienischen Provinzen des Habsburgerreiches besucht. Bei einer weiteren Italienreise gefiel Franz I. die in Rom auf einem Drehpodest aufgestellte Theseusgruppe Antonio Canovas dermaßen, dass er sie umgehend ankaufen ließ. „Theseus besiegt den Kentauren", ab 1805 entstanden, war erst als Hommage an Napoleon gedacht, um hernach

in ein Sinnbild für seine Niederlage umgedeutet zu werden. Pietro Nobile wurde beauftragt, für Canovas Marmorplastik ein geignetes Ausstellungsgebäude zu schaffen. Nobiles Notizen und sein Briefverkehr lassen Rückschlüsse darauf zu, dass Canova die Idee hatte, eine Kopie des Theseions als Unterbringungsort für seinen Theseus zu errichten. Nobile stimmte zudem alle Schritte bei diesem Bauvorhaben sehr eng mit Canova ab. Die Planung dazu begann 1817, die Katakomben unter dem Tempel wurden 1820 angelegt und 1823 war der Bau fertiggestellt. Nobile wählte einen recht puristischen Zugang bei der Gestaltung seines kleinen dorischen Tempels (14 m x 24,7 m Bodenfläche und 10,5 m Höhe). Der gesamte Bau ist schmucklos. Weder die Metopen noch das Tympanon tragen irgendeine Art von Dekor, kein Fries, keine malerische Ausstattung. Einzig das kassettierte Tonnengewölbe im Inneren trägt stuckierte Rosetten. Belichtet wird die Cella durch ein mittig ins Dach eingeschnittenes sechsteiliges Glasfenster.

▲ Der Theseustempel erfreute sich großer Beliebtheit bei der Wiener Bevölkerung. Auch wegen der Antikensammlung im Souterrain (zeitgenössisches Original: Rudolf von Alt und Franz Xaver Sandmann).

▲ Das Tonnengewölbe im Tempelinneren ist ungewöhnlich reich stuckiert

Eine spezielle Rolle spielten die Katakomben, die über ein separates nicht mehr erhaltenes klassizistisches Gebäude betreten wurden. Von 1825 bis 1845 dienten die Katakomben als Museum für die kaiserliche Antikensammlung. Anton von Steinbüchel, ab 1819 Direktor des Münz- und Antikenkabinetts sowie von 1817 bis 1837 Professor der Münz- und Altertumskunde an der Universität Wien, regte die Einrichtung eines „Römischen Provinzialmuseums“ im Theseustempel an. 1829 legte er seine „Beschreibung des Theseums und dessen unterirdischer Halle“ vor, in der penibel alle Sammlungsstücke, die im Theseum aufbewahrt und gezeigt wurden, aufgelistet und bis ins kleinste Detail beschrieben sind. Darunter auch Artefakte aus der näheren Umgebung, wie „ein großes Mithrasrelief, im Monathe May des Jahres 1816, in der Nähe Wiens, bey Stix=Neusiedel gefunden“. Von März bis Oktober konnte die Ausstellung zweimal in der Woche für je drei Stunden besichtigt werden. Allerdings schädigten die Beleuchtung und die mangelhafte Belüftung die Objekte, sodass die Antikensammlung ab 1835 gesperrt und nur mehr mit spezieller Genehmigung

▶ Belichtet wird der Innenraum zum einen durch ein eingeschnittenes Glasdach in der Decke, zum anderen durch die bei Ausstellungen geöffnete Türe

▲ Wie die Metopen (siehe auch Bild S. 57 oben) ist auch der restliche Tempel inklusive Tympanon gänzlich schmucklos

zugänglich war. Ab Ende März 1841 wurden die Katakomben den im Volksgarten ansässigen Kaffeesiedern zur Nutzung überlassen. Die in der Cella befindlichen antiken Stücke wurden 1845 enfernt. Nur mehr die Canova-Gruppe verblieb an ihrem Platz. Sie wurde 1890 ins Kunsthistorische Museum transferiert. Dort ist sie nun prominent auf dem ersten Stiegenabsatz placiert. Bei der Übersiedlung ins Kunsthistorische geschah den Transporteuren ein Missgeschick, wie die „New York Times“ am 16. November berichtete. „The cart had to pass over one of the water drains which run under the Voksgarten. The weight was too much for the thin vault, which gave way, and suddenly the cart sank on one side, turned over, and the statue lay shattered on the ground.“ Dabei brach der keulenbewehrte Arm des siegreichen Theseus ab. Der Schaden wurde umgehend repariert und ist heute nicht mehr zu sehen.

▲ Die Statue des jugendlichen Athleten vor dem Tempel stammt von Josef Müllner aus dem Jahre 1921

Von 1901 bis 1911 diente der Theseus-Tempel erneut als Antikenmuseum. Die Ausgrabungen in Ephesus waren so erfolgreich, dass das neue Kunsthistorische Museum nicht alle nach Wien verbrachten Stücke aufnehmen konnte. Doch wieder stellte sich heraus, dass das Klima im Theseustempel den antiken Objekten nicht zuträglich war. Speziell die Bronzen hatten durch Temperaturschwankungen und hohe Luftfeuchtigkeit gelitten. Erst 1934 gab es wieder eine Ephesus-Ausstellung im Theseum. Nach einer umfassenden Renovierung in der jüngsten Vergangenheit präsentiert sich der Theseus-Tempel nun in strahlendem Weiß und fungiert als Dependance des Kunsthistorischen Museums für temporäre Präsentationen, die wenig Platz benötigen.

▶ Nobile stellte seinen glatten Außenwänden kannelierte Säulen gegenüber und erzielte eine bemerkenswerte Tiefenwirkung

Äußeres Burgtor (1821–1824)

1010 Wien, Heldenplatz

▲ Das Äußere Burgtor war nicht als funktionales Stadttor, sondern von Beginn an als nationale Weihestätte für ein kriegerisches Ereignis, den Sieg über Napoleon in der Völkerschlacht bei Leipzig, gedacht

Pietro Nobile betätigte sich zweimal als Stadttorarchitekt. Beim 1839 errichteten und 1859 schon wieder abgebrochenen Schottentor stammte der komplette Entwurf von ihm. Das Äußere Burgtor indes ist eine Gemeinschaftsarbeit von Luigi Cagnola und Pietro Nobile. Der aus Mailand stammende Luigi Cagnola hatte trotz seines Interesses für die Architektur ein Rechtsstudium absolviert und war auch einige Zeit als Jurist tätig. Parallel zu seiner Beschäftigung im Staatsdienst befasste sich Cagnola allerdings intensiv mit der Baukunst Palladios, später dann mit den Bauten Venedigs. Nach dem Tode seines Vaters konnte sich Cagnola nicht zuletzt aufgrund des Erbes seiner wahren Berufung widmen. Sein erstes größeres Werk ist der Arco della Pace in Mailand, der 1807 begonnen, aber nach Unterbrechungen erst 1838, nach dem Tode Cagnolas, fertiggestellt wurde. Nach Wien kam Cagnola 1814, er sollte im Auftrag des Kaisers

„die neue Façade der k. Burg und das neue Burgthor entwerfen“, wie Constantin von Wurzbach in seinem „Biographischen Lexikon des Kaiserthums Österreich“ darlegt. Der Tod seiner Mutter ließ Cagnola jedoch wieder abreisen. Der Kaiser soll zudem den Gefallen an Cagnolas Plänen für das monumentale neue Burgtor zur Erinnerung an die siegreiche Völkerschlacht bei Leipzig verloren haben. Jedenfalls wurde Pietro Nobile mit einer Überarbeitung und Neugestaltung beauftragt, unter Berücksichtigung der bereits fertigen Fundamente.

Nobiles Entwurf ist ein wuchtiger, quaderförmiger Torbau mit beidseitigen Flankenanbauten. Fünf rustizierte Pfeilerarkaden führen durch das Tor. Außen das Fußvolk, daneben jeweils die Fuhrwerke. Die mittlere Durchfahrt war für die Hofwagen reserviert. Die Attika-Inschrift weist auf Kaiser Franz und das Einweihungsjahr 1824 hin. Die Verzierungen im

▼ Pietro Nobiles Schottentor aus dem Jahre 1839 wurde bei der Schleifung der Basteien bereits zwanzig Jahre nach seiner Errichtung wieder entfernt. Hier auf einer Ansicht von Franz Xaver Sandmann.

Triglyphenfries indes sind erst im 19. Jahrhundert hinzugefügt worden. Die Wappen in den Metopen symbolisieren Städte und Regionen. Die vier goldenen Lorbeerzweige in der Mitte tragen die Namen der vier im Ersten Weltkrieg verbündeten Monarchen Franz Joseph I. (Österreich), Wilhelm II. (Deutschland), Mehmet I. (Türkei) und Ferdinand I. (Bulgarien). Die flankierenden Sichtziegelanbauten sind mit jeweils einem halbbogigen Souterrainfenster versehen.

Zum Heldenplatz hin öffnet sich der Gesamtbau. Rustizierte Eckpfeiler säumen sowohl das eigentliche Tor wie auch die beiden Flankenbauten. Zwischen diese Pfeiler wurde je vier dorische Säulen gestellt. In den beiden Ecknischen zwischen dem Tor und den Anbauten stehen zwei kleine steinerne Wartehäuschen. Unter dem austrofaschistischen Regime wurde das Burgtor nach Plänen des Otto-Wagner-Schülers Rudolf Wondracek in eine Kriegergedenkstätte umgebaut. Die strengen Denkmalschutzauflagen verhinderten eine Veränderung des klassizistischen Erscheinungsbildes. Die Umgestaltungen haben vor allem im In-

◀ Die fünf Durchfahrten hatten klare Zuordnungen. Außen jeweils das Fußvolk, daneben die Fuhrwerke. Die Mitte war für die Hofwagen reserviert.

▲ Das Dekor am Triglyphenfries des Äußeren Burgtors wurde erst 1916 angebracht

neren ihre Spuren hinterlassen. Die Kosten von rund 37.000 Schilling wurden zu 60 Prozent durch private Spenden aufgebracht. Es gibt nun eine eine Krypta, einen Weiheraum, eine dachlose Ehrenhalle, zwei Monumentaltreppen und ein Denkmal des unbekannten Kriegers (dazu Bücher mit den Namen aller Gefallenen des Ersten Weltkriegs). Seit 1965 werden die verstorbenen Bundespräsidenten im Weiheraum aufgebahrt. In der Krypta befindet sich die Skulptur eines toten Soldaten, ein Werk des nationalsozialistisch gesonnenen Bildhauers Wilhelm Frass. 2012 wurde ein NS-Bekennerschreiben gefunden, das Frass unter seinem liegenden Krieger versteckt hatte. Es befindet sich nun im Heeresgeschichtlichen Museum. Die Gedenkstätte im Äußeren Burgtor soll in absehbarer Zukunft neu gestaltet werden, sodass eine gründliche Befassung mit der österreichischen Vergangenheit auf Basis geschichtswissenschaftlicher Aufarbeitung an diesem Ort möglich ist.

▲ Das Haus „Zum blauen Karpfen" weist einzigartigen Fassadenschmuck auf

Zum blauen Karpfen (1824)

1010 Wien, Annagasse 14

Unter den vielen in Wien noch erhaltenen Wohnhäusern aus der Zeit des Biedermeier und des Klassizsimus verdient das Haus „Zum blauen Karpfen" in der Annagasse besondere Beachtung. Das schmale Gebäude stammt im Kern aus dem späten 16. Jahrhundert. Ein Vorgängerbau aus dem 15. Jahrhundert gehörte dem wohlhabenden Apotheker Mert Scheper. 1519 erwarb der spätere Bürgermeister Paul Pernfuss das Haus. Zwischen 1700 und 1706 befand sich hier die Bierstube des Tischlers und Wirts Georg Kärpf. Von ihm stammt

auch das Hausschild „Zum blauen Karpfen". 1792 war der für seine großen Knödel bekannte Gastwirt Sebastian Göschl Eigentümer der Liegenschaft.

Kunsthistorisch interessant wird das Gebäude mit dem Umbau durch Karl Ehmann im Jahre 1824. Im Zuge der Neufassadierung wurde das Haus mit ornamental-figuraler Fassadenmalerei und drei bemerkenswerten Reliefs von Josef Klieber geschmückt. Speziell der Amourettenfries, der sich an der Oberkante der Sockelzone über die gesamte Hausbreite zieht, ist von außerordentlicher Qualität (und hohem Unterhaltungswert). Zwischen pilastergerahmten Fenstern im ersten Obergschoß wurde das Hauszeichen mittig in ein klassizistisch-ornamentales Relief gesetzt. Im Dreiecksfeld der Giebelüberdachung der Fenster befindet sich ein weiteres Relief mit opulenten Füllhorndarstellungen. Ein vergleichbar ornamental gestaltetes Biedermeierwohnhaus gibt es in Wien sonst nicht. Es ist in jedem Fall einen kleinen Umweg wert.

▲ Josef Kliebers bemerkenswerte Reliefs machen das Bürgerhaus „Zum blauem Karpfen" zu einem biedermeierlichen Unikat in Wien

▲ Josef Kornhäusels Wohnturm war zu seiner Zeit der höchste Profanbau Wiens (Bild links). Er ist über das Mietshaus vor der Synagoge erschlossen (Bild rechts).

Kornhäuselturm und Haus Seitenstettengasse 2

(1825–1827)

1010 Wien, Seitenstettengasse 2, Judengasse 14

Der 1782 in Wien geborene Josef Kornhäusel gilt als einer der bedeutendsten österreichischen Architekten zwischen 1800 und 1850. Schon der Vater Johann Georg war Stadtbaumeister gewesen. Ab seinem zehnten Lebensjahr erhielt Josef eine Maurerausbildung im väterlichen Betrieb. Beide Eltern starben schon 1795; Kornhäusel war erst ausgebildeter Geselle, und so konnte er das elterliche Unternehmen nicht weiterführen. Bereits als Zwanzigjähriger, ab 1802, plante er den Umbau des Hauses Weihburggasse 3 für Baron Buchberg (siehe S. 96 f.). 1804 wurde er als sogenannter Zögling Joseph Reymund zugewiesen, um sich auf die Meisterprüfung vorzubereiten, die er aber nie ablegte. Stattdessen erhielt er mit einem Wettbewerbsentwurf 1807 eine Berufung an die Akademie in Krakau für die ausgeschriebene Architekturlehrkanzel, blieb aber dann doch lieber in Wien und wurde 1808 als Mitglied in die Akademie der bildenden Künste Wien aufgenommen. Zu diesem Zeitpunkt – er war gerade 26 Jahre alt – hatte er bereits sechs Bauvorhaben verwirklicht, darunter das Landhaus Jenamy in Ottakring (siehe Band 2). In den folgenden Jahren wurde Kornhäusel mit einer Fülle von Aufträgen aus bürgerlichen wie aristokratischen Kreisen bedacht. Er war als Architekt so ausgelastet, dass er auf eine Annahme des ruhenden väterlichen Baugewerbes 1811 verzichtete. Stattdessen übernahm er zwischen 1812 und 1818 die Stelle als Fürstlich Liechtensteinischer Baudirektor. In dieser Funktion verwirklichte er eine ganze Reihe von Bauten auf den Liechtensteinischen Besitzungen und hatte dennoch Zeit für andere Bauvorhaben. Nachdem Kornhäusel den Dienst beim Fürsten Liechtenstein quittiert hatte, reiste er 1818 zu Studienzwecken nach Frankreich und Italien. 1819 kehrte er nach Wien zurück und er-

▲ Vielfältig reliefierte Lünetten zieren die Fenster des Wohnhauses Seitenstettengasse 2

◀ Die Kragsteine sind die Reste einer ehemaligen dem Kornhäuselturm vorgestellten Verbauung

▶ Das Eigentum an der Liegenschaft Seitenstettengasse 2 teilte sich Kornhäusel mit dem Steinmetz Franz Jäger

hielt umgehend mehrere lukrative und prestigeträchtige Aufgaben angeboten. So entstanden zwischen 1820 und 1825 unter anderem der Sauerhof und die Weilburg in Baden, das Theater in der Josefstadt (siehe Band 2), die Umgestaltung der Albertina (siehe S. 93 und 95), der Seitenstettnerhof (siehe S. 146 ff.) und der Wiener Stadttempel (siehe S. 36 ff.).

Nachdem der Stadttempel nur unter der Auflage errichtet werden konnte, dass er nicht von der Straße aus als jüdischer Sakralbau erkennbar sein dürfe, war beschlossen worden, diesem ein normales Mietshaus vorzusetzen. Kornhäusel plante für die jüdische Gemeinde sowohl die Synagoge als auch das vorgelagerte Mietshaus. Zeitgleich erwarb er selbst gemeinsam mit dem Steinmetz Franz Jäger die angrenzende Liegenschaft. Kornhäusel errichtete auf dem polygonalen Grundstück ein an drei Seiten freistehendes, fünfgeschoßiges klassizistisches Mietshaus. Der mit hohen, portalartigen Bogenfenstern versehene genutete Sockel ist zur Judengasse und zum Platzl über dem Fleischmarkt hin schmucklos. In der Seitenstettengasse wurden im Oberbereich der Sockelzone in Rechteckfeldern figurale Reliefs im Stile Josef Kliebers appliziert. Damit wird die Portalsituation mit Doppelpilastern, Rosettengebälk und Eierstabdekor zusätzlich betont. Über der Originaltür ist eine schmiedeeiserne Lünette eingesetzt. Die additiven Fensterreihen in den Obergeschoßen sind teils mit geraden, teils mit Giebelüberdachungen, teils mit Lünettenreliefs versehen, welch Letztere Lyramotive, Lorbeer- und Blütenkränze aufweisen.

Die Stiegenseite zum Fleischmarkt hinunter beherrscht der sogenannte Kornhäuselturm. Zur Zeit seiner Erbauung war er der höchste profane Turm Wiens und nicht freistehend, sondern von dreigeschoßigen Häusern umgeben. Kornhäusel ließ ihn über dem halbrunden Stiegenhaus ausführen, von dem aus er auch zu

◀ Das starke Gefälle der Seitenstettengasse machte eine unkonventionelle Gestaltung der Sockelzonen notwendig

▶ Konsolengesimse unter den Lünettenfenstern verleihen der Fassade zum Fleischmarkt hin eine elegante Note

begehen ist. Die schmucklose Fassade wird von unregelmäßig agenordneten Fensteröffnungen unterschiedlicher Formate durchbrochen. Im Mauerwerk des Hauses sind noch Kragsteine der ehemaligen Verbauung zu sehen, die Eisenträger im unteren Teil der Turmfassade stammen von vormaligen Balkonen. Den von einer Aussichtsplattform gekrönten Turm nutzte Kornhäusel bis zu seinem Tode als Atelier und Wohnung. Er starb 1860 in seinem eigenen Haus. 18 Jahre zuvor, am 8. Juli 1842 erlebte einer von Kornhäusels Mietern, Adalbert Stifter, auf der Aussichtsplattform des Turms eine totale Sonnenfinsternis. Der Dichter schilderte hernach seine Eindrücke in einem Text, der in der Folge zu einem wesentlichen Bestandteil deutschsprachiger Naturschilderungen wurde. „Nie und nie in meinem ganzen Leben war ich so erschüttert, von Schauer und Erhabenheit so erschüttert, wie in diesen zwei Minuten, es war nicht anders, als hätte Gott auf einmal ein deutliches Wort gesprochen und ich hätte es verstanden. Ich stieg von der Warte herab, wie vor tausend und tausend Jahren etwa Moses von dem brennenden Berge herabgestiegen sein mochte, verwirrten und betäubten Herzens." (Aus Adalbert Stifter: „Die Sonnenfinsternis am 8. Juli 1842".)

◀ Der Seitenstettnerhof an der Nordseite der Gasse korrespondiert mit der zeitgleich vis-à-vis nach Kornhäusels Plänen entstandenen Bebauung

Seitenstettnerhof (1825–1827)

1010 Wien, Seitenstettengasse 5

In der Seitenstettengasse hat Josef Kornhäusel mehrfach deutliche Spuren seines Schaffens hinterlassen. So auch gegenüber dem Haus der Israelitischen Kultusgemeinde. Auf diesem Grundstück am damaligen Katzensteig standen im 14. Jahrhundert drei Häuser, die gemeinsam den sogenannten Strohhof bildeten. Der Katzensteig führte hinab zum ältesten Wiener Stadttor. Der Name Katzensteig leitet sich von der Katze, auch Kavalier genannt, einer erhöhten Geschützstellung auf der Bastion, ab. Die Eigentümer des Strohhofs, Mitglieder der Ratsherrenfamilie Würffel, verkauften die Liegenschaft am 4. Mai 1373 an die Herzöge Albrecht III. und Leopold III. Diese wiederum schenkten den Hof der Kartause Gaming, einer

▲ Wappenschmuck und Reliefornamente zieren die repräsentative Fassade des klostereigenen Miethausblocks in der Seitenstettengasse

Stiftung ihres Vaters Albrecht II. Zudem verfügten die beiden habsburgischen Herzöge, dass die „geistlich leut von Gemnikch vnd ir wirt, der die vorgenanten heuser von iren wegen inns hat" von Steuern und Abgaben befreit würden. Ende des 14. Jahrhunderts entstand hier ein größeres einheitliches Gebäude, der Gaminger Hof. Wohl aus statischen Gründen wurde der Gaminger Hof über den schmalen Katzensteig hinweg mithilfe eines Schwibbogens mit dem gegenüberliegenden Pempflingerhof verbunden. Der Gaminger Hof wurde gegen Ende des 17. Jahrhunderts durch einen barocken Neubau ersetzt. 1782 wurde die Kartause Gaming, die als größte Europas galt und recht wohlhabend war, im Zuge der josephinischen Kirchenreform aufgelöst. Der Gaminger Hof wurde vom Stift Seitenstetten erworben. Das zu Beginn des 12. Jahrhunderts gegründete Benediktinerkloster verfügte nicht nur wie die meisten Klöster über Einnahmen aus Ländereien, sondern auch aus Bergbau und Industrie, die aus dem Kupferbergwerk in der steirischen Radmer und dem Messinghüttenwerk in Reichraming kamen.

Der wachsende Bedarf an mietbarem Wohnraum in Wien führte bei den neuen Eigentümern in den 1820er Jahren wohl zu der Erkenntnis, dass die steigende Nachfrage besser mit einem zeitgemäßen Mietshaus gedeckt werden könnte. Josef Kornhäusel wurde mit der Planung beauftragt. So entstand von 1825 bis 1827 mit dem Großen Seitenstettnerhof ein hufeisenförmiger fünf- bis sechsgeschoßiger Mietshausblock, dessen Fassaden zur Seitenstettengasse, zum Rabensteig und zum Ruprechtsplatz schauen. Formal finden sich beim Seitenstettnerhof durchaus Parallelen zu Kornhäusels eigenem Wohnhaus am oberen ge-

▲ Mit einer additiven Giebelfensterreihung betonte Kornhäusel die Bedeutung der Beletage des Seitenstettnerhofes

genüberliegenden Ende der Gasse. Wieder ruht das Gebäude auf einem genuteten Sockel und wieder gibt es additiv gereihte Fenster in den Obergeschoßen. Im Gegensatz zum Haus Seitenstettengasse 2 entschied sich Kornhäusel beim Seitenstetternhof allerdings für Ädikulafenster mit korinthischen Pilastern. Unter konsolengestützten Sohlbankgesimsen im dritten Obergeschoß wurden blumenornamentierte Reliefmedaillons in den Putz eingelassen. Das repräsentativ gestaltete Rundbogenportal wird von zwei mit Wappenreliefs – links das des Stiftes, rechts dasjenige des Abtes Columban Zehetner – versehenen Pilastern gesäumt. Die leichten Gassenknicke werden durch minimal vortretende zweiachsige Risalite noch betont.

Bibliothekstrakt der Alten Universität (1827–1829)

1010 Wien, Postgasse 9, Schönlaterngasse 12

Die mittlerweile größte Universität im deutschen Sprachraum hat eine lange Geschichte. 1365 gründete Herzog Rudolph IV. die Wiener Universität. Vorbild dieser „Alma Mater Rudolphina Vindobonensis“, wie sie in alten Quellen genannt wird, war die Pariser Sorbonne. Rudolph der Stifter, wie der Herzog auch genannt wurde, hatte viel übrig für die Bildung und stattete die neue Institution mit einer Fülle von Privilegien aus. So waren ihre Mitglieder – Studenten wie Professoren – bespielsweise von Steuern und Wehrdienst befreit. Sogar eine gesonderte Gerichtsbarkeit, die vom Rektor ausgeübt wurde, war ihnen zuerkannt worden. Rudolph hatte nicht viel von seiner Universität. Er starb noch im Gründungsjahr völlig unerwartet im jugendichen Alter von 26 Jahren in Mailand. Dorthin war er gereist, um eine Braut für einen seiner Brüder zu suchen. Er wollte durch Heiratspolitik den Erwerb von Tirol absichern und zugleich seine Position stärken, um Ansprüche auf Territorien im Friaul leichter durchsetzen zu können. Nach Rudolphs Tod ging die Macht an seine beiden halbwüchsigen Brüder

▼ Dem beamteten Architekten Karl Prantner ist in Wien neben seinem Bibliothekstrakt der Alten Universität nur die Erdberger Kirche eindeutig zuordenbar (siehe auch S. 49 f.).

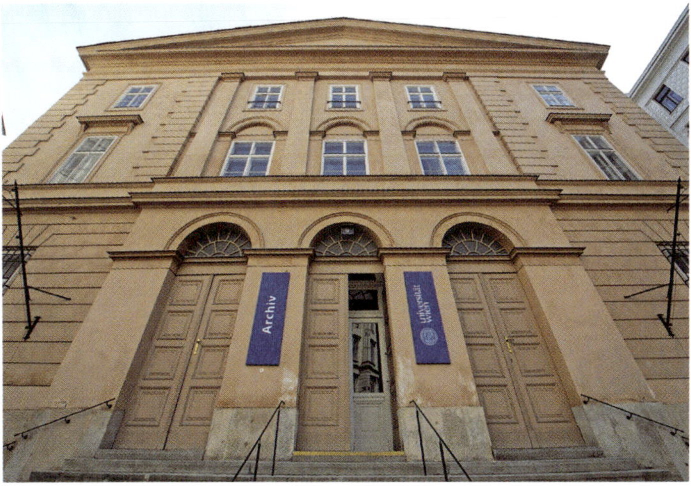

▲ Die Riesenpilasterordnung betont gemeinsam mit den Lünettenfenstern das Mittelfeld der Obergeschoßzone an der Hauptfassade

Albrecht III. und Leopold III. Der jüngere Leopold begann sich schnell von Albrecht zu emanzipieren und forderte eine Gebietsteilung, um sein eigener Herr sein zu können. Diese Aufteilung wurde im Neuberger Vertrag 1379 besiegelt. Dem älteren Albrecht III. fielen demnach die östlichen Teile des damaligen habsburgischen Herrschaftsgebietes zu. So auch Wien und damit die Universität. Dieser stellte Albrecht 1384 ein eigenes Haus, das „Collegium ducale" oder Herzogskolleg, zur Verfügung. Dem Gebäude beim Dominikanerkloster (heute Postgasse 7) wurden im Laufe der Jahrhunderte immer wieder neue Bauten hinzugefügt. So entstand allmählich ein kleines Universitätsviertel, in dem sich auch Studentenhäuser, sogenannte Bursen (von Bursa, gemeinschaftliche Kasse), und Kodreien (vermutlich aus dem mittelhochdeutschen kote für Hütte oder koter für Häusler abgeleitet) ansiedelten.

Im Jahr 1623 erfuhr das universitäre Leben Wiens eine massive Änderung. Der überaus katholisch strenggläubige, nach manchen Quellen bigotte, Kaiser Ferdinand II. änderte die Strukturen der Universität Wien von Grund auf. Ferdinand stammte aus

Graz, dem innerösterreichischen Zentrum der Gegenreformation. Schon früh waren für seine Erziehung jesuitische Lehrer zuständig gewesen und zeitlebens waren sein Beichtväter auch seine wichtigsten Berater. Ferdinand war zutiefst von der Notwendigkeit der Gegenreformation überzeugt. Die ideologische Grundlage dafür sollte die Universität liefern. In Graz war Ferdinand 1585 als Siebenjähriger ehrenhalber der erste offizielle Hörer der dort neu gegründeten jesuitischen Universität gewesen. In Wien vertraute er nun die Alma Mater Rudolphina dem Jesuitenorden an. Die Jesuiten übernahmen aber nicht nur die Lehrtätigkeit, sie bauten in der Folge an der Stelle des mittelalterlichen Herzogskollegs auch einen frühbarocken universitären Komplex, der zum Gutteil noch heute existiert und in dessen Mittelpunkt die Universitätskirche am Ignaz-Seipel-Platz steht.

Erst Kaiserin Maria Theresia begann den jesuitischen Einfluss auf die Wiener Universität allmählich zurückzudrängen. Sie wollte, dass mehr Augenmerk auf naturwissenschaftliche Studien gerichtet würde.

▶ Der kubische Baukörper des Bibliothekszubaus kragt weit in den Vorplatz an der Postgasse hinein und schafft so ein solitäres Erscheinungsbild

▲ Der seichte, mit Lünettentoren versehene Mittelrisalit ist nur in der Sockelzone vorhanden

Das schien unter der klerikalen Führung nicht möglich und so wurde die Universität dem kirchlichen Einfluss entzogen. Maria Theresias Leibarzt Gerard van Swieten wurde mit der Durchführung von Reformen beauftragt. Die Universität verlor ihre Selbstverwaltung und stand fortan unter staatlicher Obhut. Van Swietens Konzept sah neue Schwerpunkte in medizinischen und naturwissenschaftlichen Disziplinen vor, er ließ neue Lehrkanzeln für Chemie und Botanik einrichten sowie 1754 den Botanischen Garten am Rennweg anlegen. 1756 weihte Maria Theresia die Neue Aula, einen monumentalen Universitätsbau, ein (am jetzigen Ignaz-Seipel-Platz). Joseph II., der Sohn Maria Theresias, führte die Reformen seiner Mutter fort, speziell der medizinische Bereich wurde von ihm mit der Einrichtung des Allgemeinen Krankenhauses (1784) und dem Josephinum am Alsergund massiv gefördert. Joseph ließ erstmals Protestanten und Juden zum Studium zu und führte 1783 die deutsche Sprache als Unterrichtssprache ein.

Universitäre Lehre und Forschung baut auf dem geschriebenen Wort, auf Büchern, auf. Schon die Jesuiten hatten eine umfassende Unversitätsbibliothek angelegt. Der barocke Bibliothekstrakt am nordöstlichen Ende des Unversitätskomplexes war allerdings in den 1820er Jahren zu klein geworden. Es war eine Erwei-

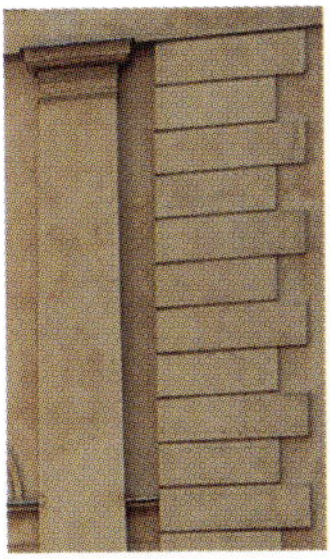

▲ Rustizierende Elemente kennzeichnen die gesamte Fassadengestaltung

terung vonnöten, mit der Karl Prantner sen. beauftragt wurde. Prantner war ein beamteter Bauplaner. Über seine Ausbildung ist nicht allzu viel bekannt. Spätestens ab 1816 war er als Zeichner im k.k. Wasserbauamt der k.k. Generalbaudirektion beschäftigt. Um 1825 scheint er als Architekt in die niederösterreichische Civil Baudirektion gewechselt zu sein. Es sind nur wenige seiner Arbeiten bekannt. Damals war es nicht üblich, dass Beamte explizit als Urheber ihrer Pläne genannt wurden. Gesichert ist jedenfalls Prantners Entwurf für den Ausbau und die Neugestaltung des Bibliothekstraktes in der Postgasse. Ebenfalls belegt sind zwei Kirchenbauten Prantners: die Erweiterung und der Umbau der Erdberger Pfarrkirche sowie die 1844–46 entstandene Kirche des Hl. Florian in Hanfthal im Weinviertel.

Prantners Bibliotheksbau in der Postgasse ist ein an drei Seiten freistehender, blockartiger, dreigeschoßiger Bau mit spätklassizistischer Fassade. Die genutete hohe Sockelzone weist an der Portalfront einen seichten Mittelrisalit mit drei pfeilergesäumten Lünettentoren auf. Über einem breiten Kordongesims erhebt sich die Obergeschoßzone, deren dreiachsiges Mittelfeld von Riesenpilastern unterteilt wird. Die Mittelzone im ersten Obergeschoß ist mit Lünettenfenstern versehen, während die Fenster der beiden äußeren Achsen gerade Verdachungen auf Volutenkonsolen aufweisen. Die gesamte Front wird von einem Dreiecksgiebel gekrönt. Durch eine Terrainabtragung rund zwanzig Jahre nach Errichtung des Traktes wurde eine steile, breite Treppe notwendig, die das heutige Erscheinungsbild des Portals stark beeinflusst. Bemerkenswert auch das dreijochige und dreischiffige Vestibül mit Platzlgewölben und Wandfeldern mit Blendarkaden. Der Bibliothekstrakt dient nun als Archiv der Universität Wien.

▲ Der Architekt der von Graf Nákó veranlassten aufwendigen Neugestaltung des ursprünglich barocken Adelspalais ist nicht überliefert

Ehemaliges Nákó-Palais
(1828–1830)

1010 Wien, Dorotheergaasse 11

Das ehemalige Nákó-Palais hat eine bewegte Geschichte. Schon im 16. Jahrhundert war das Grundstück bebaut. Zwischen 1684 und 1821 scheint eine illustre Reihe bekannter Adeliger unter den Eignern auf, darunter die Familien Daun, Breuner, Sinzendorf, Harrach, Dietrichstein, Esterházy und Kaunitz. Auch bei den Bewohnern und Bewohnerinnen finden sich Berühmtheiten. So nahm von 1805 bis 1807 Constanze Mozart mit ihren beiden Söhnen an dieser Adresse Quartier.

1821 ist Aloys Fürst Kaunitz laut dem Häuserverzeichnis von Mathias Gutjahr noch Eigentümer des Palais.

▲ Das Giebelfeld wird von ornamentierten Zierleisten umrahmt

Die folgenden Ereignisse sind nicht ganz eindeutig belegt. Denn dazu finden sich in der Literatur sowie in den verschiedenen Wiener Häuserschematismen widersprüchliche Angaben. Jedenfalls soll der verschuldete Fürst Kaunitz sein Palais an das Bankhaus Eskeles verloren haben. Wahrscheinlich 1823. In Anton Behsels „Verzeichniß aller in der kaiserl. königl. Haupt- und Residenzstadt Wien mit ihren Vorstädten befindlichen Häuser“ von 1829 wird Bernhard Freiherr von Eskeles, einer der Mitbegründer der Oesterreichischen Nationalbank (siehe auch S. 122 ff.), als Eigentümer angeführt. Im bereits 1827 erschienenen Verzeichnis von Anton Ziegler und Carl Graf Vasquez scheint jedoch schon Alexander Graf Nákó als Besitzer auf. Nákó ließ das barocke Palais mit einigem Aufwand zwischen 1828 und 1830 im Stile des späten Klassizismus umgestalten. In der Folge erfuhr das Gebäude noch mehrere Veränderungen. Klassizistisch geblieben ist die Fassade, bis auf das späthistoristische Portal in neobarocken Formen. Über einem genuteten Sockel erheben sich zwei Geschoße mit additiv gereih-

▶ Die Riesenpilasterordnung strukturiert die Fassade und lässt – gemeinsam mit den Beletagefenstern – das Gebäude höher erscheinen

ten Fenstern, die in der Beletage gerade verdacht sind. Eine Riesenpilasterordnung mit Palmettenkapitellen gliedert die Fassade zusätzlich. Der seichte Mittelrisalit wird von einem leicht zurückgesetzten Dreiecksgiebel gekrönt, der mit Wappen und Krone des Grafen Nákó versehen ist. Alexander Graf Náko von Nagy Szent Miklós war seit 1819 „Honorar=Hof=Secretär bey der königl. ungarischen Hofkanzelley" und gehörte als „Ober-Vorstehers Stellvertreter" dem Vorstand der „Ersten österreichischen Spar-Casse und damit vereinigten allgemeinen Versorgungs-Anstalt" an. Diese Versorgungsanstalt war die erste private Sozialversicherung Österreichs.

▲ Nákó-Wappen im Giebelfeld und Riesenpilaster mit Palmettenkapitellen unterstreichen den repräsentativen Anspruch des Palais

Das Palais blieb bis 1895 im Besitz der Familie Nákó und wurde dann an die Baumeister Ignaz Fleischer und Salomon Stein veräußert, die es umgehend an den Kunsthändler Hugo Othmar Miethke weiterverkauften. Die Galerie Miethke war eine der bedeutendsten Kunsthandlungen Wiens. Bei Miethke wurde verkauft, was teuer und berühmt war. So vertrat Miethke unter anderen exklusiv Gustav Klimt. 1904 erwarb der mit Klimt befreundete Juwelier Paul Bacher die Galerie. Nach der Abspaltung der Klimt-Gruppe von der Secession war die Galerie Miethke, mit ihrem

▲ Die Portalsituation des Nákó-Palais ist eine neobarocke Gestaltung aus dem Ende des 19. Jahrhunderts

Geschäftsführer Carl Moll, die wichtigste Ausstellungs- und Verkaufsplattform der Künstler um Gustav Klimt. Verkauft wurden aber nicht nur deren Arbeiten, sondern auch Werke französischer Impressionisten oder italienischer Meister des Quattrocento. Carl Moll schied 1912 als Geschäftsführer aus und erhielt zum Abschied etliche italienische Meisterwerke, unter anderen von Tintoretto und Tiepolo, die er später versteigern ließ. Die Galerie bestand bis 1918.

In den 1930er Jahren wurde das Nákó-Palais eine Dependance des Dorotheums. 1993 wurde hier das Jüdische Museum der Stadt Wien eingerichtet. 1995/96 erfolgten Umgestaltungen im Inneren durch das Architektenteam Eichinger oder Knechtl. Erhalten geblieben sind im Inneren aus dem Historismus das marmorverkleidete Foyer, die Vierpfeilertreppe und die aus barocken Elementen zusammengesetzte Kassettendecke in der Beletage. Im ehemaligen Versteigerungssaal des Dorotheums im zweiten Obergeschoß wurde ein Deckengemälde Antonio Marinis von 1820 („Jupiter und Juno") aus dem 1970/71 abgebrochenen ehemaligen Kaunitz-Esterházy-Palais in Mariahilf angebracht. Im Innenhof befindet sich eine Gedenkinstallation der feministischen New Yorker Künstlerin Nancy Spero.

Erste Österreichische Spar-Casse (1835–1838)

1010 Wien, Graben 21

Am Anfang stand ein Gottesmann. Johann Baptist Weber hatte in Wien studiert und in der Schubertpfarre Lichtental als Diakon gedient, bevor er 1807 zum Priester geweiht wurde. Von 1811 bis 1816 war er Pfarrer in St. Peter, ab 1816 stand er der Pfarre St. Leopold in der Leopoldstadt vor. Schon in St. Peter hatte Weber eine erste, improvisierte Sparkasse eingerichtet. Seine Armen- und Waisenkasse sollte Ärmeren die Möglichkeit bieten, über kleine Darlehen den Schritt in die Selbständigkeit zu wagen und solcherart ihr Schicksal selbst in die Hand zu nehmen.

1816 war mit der Gründung der Nationalbank das staatliche österreichische Finanzwesen auf eine neue

◀ Luigi Pichls Sparkassenbau am Graben war das erste große private Bankgebäude in Österreich und sollte den Erfolg des jungen Geldinstituts auch nach außen zeigen

▲ Ein breiter, giebelfeldüberkrönter, neunachsiger Mittelrisalit dominiert die Sparkassenfassade zum Graben

Basis gestellt worden. Was allerdings noch fehlte, waren größere Geldinstitute für den Publikumsverkehr. Die wenigen bestehenden Bankhäuser, wie Rothschild, Geymüller, Fries oder Arnstein & Eskeles, waren auf kapitalintensive Großvorhaben spezialisiert und richteten sich an eine sehr kleine Zielgruppe von Unternehmern. Für die breite Masse gab es keine passenden Einrichtungen.

Kaiser Franz I. setzte daher eine Kommission unter der Leitung von Franz Graf Saurau ein, die einen ersten Anlauf zur Gründung einer Sparkasse in der Leopoldstadt unternehmen sollte. Die Leopoldstadt wurde wohl deshalb gewählt, weil dort Pfarrer Weber wirkte, der praktische Erfahrung in das Projekt einbringen sollte. Dem Gründungskomitee gehörten neben Graf Saurau und Weber auch der Mitbegründer der Oesterreichischen Nationalbank, Bernhard von Eskeles, sowie Ignaz von Schönfeld an. Schönfeld, ehemaliger Landrat und Unternehmer, war nach einer missglückten Spekulation 1818 wieder in den Staatsdienst zurückgekehrt. Schönfelds Aufgabe war es, die Statuten für den neuen „Verein der Ersten Österreichischen Spar-Casse in der Leopoldstadt in Wien" auszuarbeiten. Laut dieser Statuten hat die Sparkasse „den Zweck dem Fabrikarbeiter, dem Landmanne, oder sonst einer gewerbefleißigen und sparsamen minderjährigen oder großjährigen Person, die Mittel an die Hand zu geben, von ihrem mühsamen Erwerbe von Zeit zu Zeit ein kleines Capital zurückzulegen, um solches in späteren Tagen zur Begründung einer besseren Versorgung, zur Aussteuer, zur Aushülfe in Krankheit, im Alter oder zur Erreichung irgendeines löblichen Zwecks zu verwenden."

▲ Arkantusfrieskapitelle an den Riesenpilastern und reich verzierte Voluten am Gebälk schließen die Obergeschoßzone ab

Als Gründungstag wurde der 4. Oktober 1819, der Namenstag des Kaisers, gewählt. Das Startkapital wurde im Anschluss an eine Messe eingesammelt. Die „Wiener Zeitung" berichtete am 6. Oktober auf Seite 1 über das denkwürdige Ereignis. „Den 4. October feyerte der Verein zur Errichtung der ersten Oesterr. Spar=Casse das hohe Namensfest Sr. Maj. des Kaisers und Königs mit der Eröffnung dieser Anstalt. Eine große Anzahl der Bewohner der Residenz fand sich bey dem zu dem Ende abgehaltenen Gottesdienste in der Hauptpfarre zu St. Leopold in der Leopoldstadt ein. Der Pfarrer, auch Mitglied des Spar=Casse=Vereins, eröffnete die Feyer mit einer zweckmäßigen Kanzelrede. Der hiesige Hr. Fürst=Erzbischof, Graf v. Hohenwarth, und der Hr. Regierungspräsident, Freyher v. Reichmann, beehrten das Fest durch ihre Gegenwart. Nach beendigtem Gottesdienste begann die Amtierung der Spar=Casse. In wenigen Stunden waren mehrere Tausend Gulden Conventions=Münze, und eben so mehrere Tausend Gulden Wiener=Währung von verschiedenen Individuen eingegangen." Die zweckmäßige Kanzelrede hatte ihre Wirkung nicht verfehlt und so kam ein Gründungskapital von 10.000 (nach anderen Quellen 15.000) Gulden zusammen.

Die ersten Sparbücher wurden dem Kaiser zur Verteilung „unter würdigen Kindern der unteren Klassen von 12 bis 15 Jahren" zur Verfügung gestellt. Das Einlagebuch Nr. 1 der Ersten Oesterreichischen Spar-Casse lautete auf Marie Schwarz. Das gestiftete Guthaben von 10 Gulden – etwa 140 Euro nach heutigem Wert – mit Zinsen durfte sie nicht vor dem 20. Geburtstag beheben. Aus den Aufzeichnungen der Ersten Österreichischen Spar-Casse geht hervor, dass Marie Schwarz 29 Jahre lang nichts eingezahlt hat. 1848 ließ sich Marie Schwarz ihr Guthaben auszahlen. Mit Zinsen war es auf über 30 Gulden angewachsen.

Die neue Sparkasse verzeichnete regen Zulauf. Das Periodikum der „Oesterreichische Beobachter" berichtete in seiner Ausgabe vom 21. März 1820, dass sich allein zwischen 31. Dezember 1819 und dem Erscheinungstag des Blattes „der Stand der Kasse" auf

▶ Das Sparkassensymbol im Giebelfeld wird von zwei vergoldeten Palmwedeln flankiert

◀ Die goldene Biene im Lorbeerkranz war das Merkmal der Ersten Österreichischen Spar-Casse

etwas mehr als 69.000 Gulden nahezu verdoppelt habe, womit „das immer wachsende Vertrauen, welches die Anstalt genießt", bestätigt werde. Schon bald waren die Räumlichkeiten im Pfarrhof von St. Leopold zu klein, um den Publikumsandrang zu bewältigen. Die Sparkasse übersiedelte 1821 ins Deutschordenshaus in der Singerstraße im ersten Bezirk. Der Erfolg des Instituts machte die Gründung einer „Allgemeinen Versorgungsanstalt" im Jahre 1825 möglich. Damit entstand die erste private Sozialversicherung der Monarchie. Zu jener Zeit, zwischen 1824 und 1827, erstand die Sparkasse drei Häuser in bester Innenstadtlage, am Graben. Diese Objekte wurden in der Folge abgetragen, damit an ihrer Stelle 1835–38 das neue, große Gebäude der „Ersten Österreichischen Spar-Casse" errichtet werden konnte. Die Pläne dazu stammten von Luigi Pichl.

Die breite Hauptfassade des klassizistischen Gebäudes zum Graben hin weist einen übergiebelten, neunachsigen Mittelrisalit auf, der wie die Seitenteile in der Obergschoßzone von kolossalen Eckpilastern gesäumt wird. Im Gegensatz zu den Pilastern des genuteten Mezzaningeschoßes, die mit Eierstabkapitellen versehen sind, schließen die Riesenpilaster mit

Arkantusfrieskapitellen ab. In der durchgängigen additiven Fenstergliederung betonen die konsolengestützten Dreiecksgiebelverdachungen die Bedeutung der Beletage. Das Giebelfeld ist mit einer goldenen Biene im Lorbeerkranz, dem Symbol des Instituts, sowie zwei seitlichen ebenfalls vergoldeten Palmwedeln geschmückt. Das Innere des Sparkassenbaus ist im Laufe der Jahrhundert mehrfach umgestaltet worden.

Im Gegensatz zu seinem ungefähr zu selben Zeit entstandenen Umbau des Niederösterreichischen Landhauses (siehe S. 165 ff.), das Parallelen zum italienischen Manierismus aufweist, hat sich Luigi Pichl beim Gebäude der Ersten Österreichischen Spar-Casse sehr konsequent an den strengen klassizistischen Formenkanon gehalten. Beide Bauten zählen mit dem Modena-Palais zu seinen Hauptwerken.

Haus der Genossenschaft der Kleidermacher (1837–1838)

1010 Wien, Judenplatz 10

▲ Die Wappenkartusche ziert das ansonsten schmucklose Giebelfeld am Haus der Kleidermacher

Das Haus der Kleidermacher am Judenplatz ist aus zwei Gründen bemerkenswert. Zum einen wegen des Baumeisters. Ignaz Ram gehörte zur Gruppe der Wiener Biedermeierbaumeister, die in den Vorstädten neue Wohnbauten errichteten, ab den 1830er Jahren sogar vielfach große Mietshauskomplexe. Das Haus Judenplatz 10 ist Rams einziger Bau in der Inneren Stadt und sein einziges Nichtwohnhaus.

Auf dem Grundstück befanden sich zuvor drei verschiedene Häuser, die in der Nachfolge des ehemaligen jüdischen Spitals dort entstanden waren. Eines dieser Gebäude erwarb die Schneiderzeche im Jahre 1548 um 725 Pfund Wiener Pfennig. 1684 findet das Haus als „der bürgerlichen Schneider Zech- und Herbergshaus“ Erwähnung. Die beiden benachbarten Häuser wurden von der Schneiderinnung 1810 und 1837 gekauft.

Ignaz Rams Genossenschaftshaus, erbaut 1837–38, ist ein massiver, typisch spätklassizistischer, an drei Seiten freistehender Bau mit ungewöhnlichen abgerundeten Ecklösungen. Während die Erdgeschoßzone durch profilierte Rundbögen auf Lisenen gekennzeichnet ist, wählte Ram für die Obergeschoße eine additiv gereihte Fenstergliederung mit geraden Verdachungen. Auffällig an der Hauptfassade zum Judenplatz hin sind die

◀ Ignaz Rams Ecklösung mit Abrundung lässt die schmale Fütteregasse bei der Einmündung in den Judenplatz offener erscheinen

▲ Zweimal Vormärzarchitektur: links Luigi Pichls klassizistischer Umbau des Niederösterreichischen Landhauses, rechts Paul Sprengers frühhistoristische Statthalterei

Riesenpilaster mit Palmettenkapitellen. Im Dreiecksgiebel wurde eine Wappenkartusche mit Schere und Fingerhut angebracht. Im Inneren sind der Sitzungssaal mit seinen Gemälden und das Innungsmuseum mit der Zunftlade von 1657 von besonderem Interesse.

Niederösterreichisches Landhaus (1837–1848)

1010 Wien, Herrengasse 13, Minoritenplatz 7–7a

Das Niederösterreichische Landhaus entstand ab 1513 anstelle des spätmittelalterlichen Liechtensteinischen Freihauses. Die ältesten Bauteile des Landhauses stammen somit noch aus der Gotik. In seinem aktuellen Bestand ist das Gebäude ein Stilkonglomerat aus

▲ Luigi Pichls monumentale Dreiviertelsäulenordnung dominiert die Landhaus-Fassade zur Herrengasse hin

fünf Jahrhunderten. Es sind bereits zahlreiche Bücher und Abhandlungen über das Landhaus und seine Geschichte verfasst worden. In dieser Darstellung liegt der Fokus auf den Umbauten, die nach Plänen Luigi Pichls zwischen 1837 und 1848 erfolgten.

Schon im Laufe des 18. Jahrhunderts hatten die niederösterreichischen Landstände verschiedentlich Überlegungen für eine Vergrößerung ihres Landhauses angestellt. Doch erst 1827 wurde ein Beschluss für einen Erweiterungsbau gefasst. Erste Pläne kamen von Josef Kornhäusel, die jedoch rasch wieder verworfen wurden, weil Kornhäusel das bestehende Gebäude abreißen und durch einen kompletten Neubau ersetzen wollte. Das allerdings entsprach nicht den Vorstellungen der Stände, die die historischen Räumlichkeiten erhalten wollten. So wurde ein Wettbewerb ausgeschrieben, im Zuge dessen Luigi Pichl 1833 seine Pläne vorlegte, die einen Kompromiss zwischen der Bewahrung wichtiger alter Bausubstanz, dem Abbruch weniger bedeutender Teile und klassizistischer Neugestaltung darstellten.

Allerdings zogen sich die Verhandlungen mit dem Direktor der Hofbauamtes Joseph Schemerl von Leytenbach noch bis 1837 hin. Erst dann konnte mit dem Neubau des Herrengassentraktes begonnen werden.

Luigi Pichls Entwurf hatte neben dem Neubau an der Herrengasse vor allem das Ziel, dem Landhaus ein einheitliches äußeres Erscheinungsbild zu geben. Der Herrengassentrakt war im Jahre 1839 fertiggestellt. Allerdings waren die Landstände der Auffassung, dass Pichl zu aufwendig und prunkvoll gebaut hätte. Sie entzogen ihm die Bauleitung und übergaben diese vollständig an Leopold Mayr, der bis dahin gemeinsam mit Pichl die Bauführung innegehabt hatte. Mayr stellte in der Folge die Fassaden zum Minoritenplatz und zur Landhausgasse (1843) sowie diejenige zur Regierungsgasse (1848), der jetzigen Leopold-Figl-Gasse, fertig.

Prunkstück der Neugestaltung ist der monumentale siebenachsige Mittelrisalit der Hauptfassade zur Herrengasse hin mit seiner kolossalen korinthischen

▶ Repräsentation hat ihren Preis. Als die Umbauten den Landständen zu teuer wurden, entzog man Luigi Pichl die Bauleitung und übergab sie an Leopold Mayr.

Dreiviertelsäulenordnung, einem Balkon auf Löwenkonsolen über dem dreiachsigen Rundbogenportal und einer Rundbogenfenstergliederung in den Obergeschoßen. In die Attikabalustrade wurde mittig ein Inschriftenfeld eingefügt: „Die Stände Nieder-Österreichs". Auch die Rückfassade zum Minoritenplatz weist einen Mittelrisalit auf. Dieser ist fünfachsig, mit rustizierten Sockellisenen unter korinthischen Riesenpilastern, die über zwei Geschoße reichende hohe Rundbogenfenster flankieren. Links und rechts des Mittelrisalits ist die Fassade durch mehrteilige mit Säulen versehene Ädikulafenster gegliedert. Der flache Dreiecksgiebel trägt ein Fünfadlerwappen. Die Risalite an der Landhausgasse weisen korinthische Riesenpilaster und Lünettenfenster auf, während die Fassade zur Leopold-Figl-Gasse weniger deutlich gegliedert ist. Die rustizierte Sockelzone zieht sich um das gesamte Gebäude. Bemerkenswerte spätklassizistische Bauteile im Inneren sind das Vestibül an der Herrengasse und die Stiegenhäuser. Von der frühhistoristischen Ausstat-

▲ Kolonnadengleich zeigt sich die Säulenordnung in der Schrägansicht von unten

◀ Mit gutem Blick für subtile Details fügte Pichl die zarten Sprießelfenster zwischen die massiven und doch verspielten korinthischen Kapitelle ein

▲ Das klassizistische Palais Coburg thront auf den Resten der ehemaligen Braunbastei hoch über der Ringstraße

tung sind der vergoldete Retabelaltar mit seinen von Ludwig Schnorr von Carolsfeld entworfenen Glasfenstern und die ständischen Säle nach Plänen des Dombaumeisters Ludwig Ernst zu erwähnen. Das Niederösterreichische Landhaus ist nun ein Konferenz- und Veranstaltungsgebäude und wird zum Zwecke der besseren Vermarktung Palais Niederösterreich genannt.

Ehemaliges Palais Coburg
(1839–1845)

1010 Wien, Coburgbastei 4, Seilerstätte 3

An der Seilerstätte standen spätestens seit dem 16. Jahrhundert in der Nähe der Braunbastei kleine Soldatenhäuser, die zum Zeug- und Gusshaus gehörten. Ab dem 17. Jahrhundert befanden sich hier zwei Gebäude. Das eine war das Stadtschultheißenamt (der Sitz der Militärgerichtsbarkeit), in dem später der je-

weilige Stadtkommandant wohnte. Vom zweiten Haus ist bekannt, dass es von der Hofquartierpflicht befreit war und der Militärgerichtsbarkeit unterlag. Das Hofquartierwesen wurde wegen der Wohnungsknappheit um die Mitte des 16. Jahrhunderts eingeführt und verpflichtete bürgerliche Hausbesitzer, bei Bedarf bestimmte Räume in ihren Häusern für die Einmietung von Hof- und Amtspersonal zur Verfügung zu stellen. Ausgenommen von dieser Hofquartierpflicht waren öffentliche Einrichtungen, die Universität, der Adel und der Klerus. 1766 ist als Besitzer des Privathauses der Schlosser Wunibald Galler ausgewiesen. Im selben Jahr starb im benachbarten Kommandantenhaus der ehemalige Feldmarschall Leopold Graf Daun, der Maria Theresias Truppen in der siegreichen Schlacht bei Kolin angeführt hatte. Das Kommandantenhaus wurde 1774 an den Feldmarschall und Hofkriegsratspräsidenten Franz Moritz Graf von Lacy verkauft. Nach dessen Tod kam das Gebäude in den Besitz Franz Graf von Kohárys (später Franz Fürst von Koháry). Dieser wird auch im Wiener Häuserverzeichnis Mathias Gutjahrs von 1821 als Liegenschaftseigner ausgewiesen. Kohárys Tochter Maria Antonia Gabriele heiratete im Jahre 1816 Prinz Ferdinand von Sachsen-Coburg.

▲ Monumentale Balustradenfiguren finden sich in Wien normalerweise im Barock und dann wieder im Historismus. Das Palais Coburg ist die klassizistische Ausnahme.

▲ Die Attikabekrönung erfolgte erst ein Jahr nach dem Teilabbruch der Braunbastei (1863) auf der Grundlage von Plänen Franz Neumanns und Leopold Mayrs

Nach dem Tod ihres Vaters erbte Maria Antonia Haus und Grund. Über diese Erbschaft gelangte die Liegenschaft in den Besitz des Hauses Sachsen-Coburg. Das Nachbarhaus, das sich 1839 noch im Eigentum von Franz Stetter befunden hatte, wird im Häuserverzeichnis von 1843 als Coburgischer Besitz ausgewiesen.

Schon ab 1837 plante Karl Schleps für Ferdinand und Maria Antonia Sachsen-Coburg Umbauten am vorhandenen Bestand. Weil das adelige Paar aber lieber ein neues standesgemäßes Palais auf der Bastei haben wollte, wurde 1839 mit Abbrucharbeiten begonnen. Im Herbst desselben Jahres wurden die Pläne für den Neubau eingereicht. Doch schon im April 1840 starb Karl Schleps an Typhus. Die Pläne wurden von Adolf Korompay und wohl auch vom neuen Herzoglich Coburgischen Architekten Franz Neumann d. Ä. (offiziell trug er den Titel erst ab 1847) umgesetzt und wohl auch adaptiert. Nachdem neben Neumann und Korompay noch andere Baumeister an der Errichtung des Palais Coburg beteiligt waren, ist somit nicht völlig gesichert, wem welche Arbeiten und Teile des Entwurfs zuzurechnen sind. Als gesichert gilt, dass Neumann für die Gestaltung der Innenräume verantwortlich war.

Das Palais Coburg zeigt sich als repräsentativer spätklassizistischer Bau. Die Straßenfassade zur Seilerstätte hin weist einen zweigeschoßigen gebänderten Sockel auf. In der Oberzone bestimmten ionische und korinthische Pilaster, Lünetten- und Giebelfenster das Bild. Der Mittelrisalit trägt eine dreigeschoßige, seichte Säulenloggia. Deutlich spektakulärer ist die breite Gartenfassade mit ihrem dominanten Mittelrisalit und dessen tiefer, zweigeschoßiger Loggia, deren markante Säulengliederung (unten ionisch, oben korinthisch) dem Palais im Volksmund den Namen „Spargelburg" eingetragen hat. Die mit der Jahreszahl 1864 versehene Attikabrüstung trägt einen von zwei Löwen – die wiederum von zwei allegorischen Sitzfiguren flankiert werden – gestützten Wappenschild. An den Seitenteilen der Attikabalustrade wurden links und rechts des Wappenschildes auf eigenen Postamenten allegorische Statuen aufgestellt. Links Musik, Jagd und Stärke; rechts Wissenschaft, Ackerbau und Blumenkunst. Nach dem Abbruch der Braunbastei

▼ Ionische und korinthische Kapitelle, unterschiedliche Säulen, üppiges Gebälkdekor, volutengestützte Fenstergiebel zieren die Gartenfassade des Palais

▲ Das Übergangspalais: Ludwig Förster verwendete beim Palais für den Bankier Ludwig Pereira-Arnstein klassizistische wie frühhistoristische Gestaltungselemente

gab es zudem Platz für Garten und Terrasse. Heute ist das Palais Coburg ein Luxushotel. Im Inneren sind vor allem der Ballsaal und die drei Salons (gelber, grüner, blauer) in ihrer reichen Dekorierung bemerkenswert. Auch die ehemaligen Kasematten der alten Bastei sind begehbar und werden für Veranstaltungen genutzt.

Ehemaliges Palais Pereira

(1840–1842)

1010 Wien, Weihburggasse 4

Das ehemalige Palais Pereira ist nicht nur architektonisch, sondern auch wegen seiner Historie bemerkenswert. Ab Ende des 13. Jahrhunderts hatte das Stift Göttweig an dieser Stelle seinen Wiener Hof. Im 16. Jahrhundert allerdings musste sich das Stift infolge seiner prekären Finanzlage von Besitz trennen und die Liegenschaft verkaufen. Ab 1655 bis mindestens 1833 gehörte das Gebäude der Adelsfamilie Colloredo, die von 1812 bis 1814 der noch jungen Wiener Börse in ihrem Haus Räumlichkeiten zur Verfügung stellte. Im Häuserverzeichnis Wiens für die Jahre 1837–1839 scheint Viktoria Prinzessin von Lothringen als Eignerin der Liegenschaft auf. Zwischen 1840 und 1842 entstand hier nach Plänen Ludwig Försters ein spätklassizistisches Palais für Ludwig Freiherr von Pereira-Arnstein. Förster war ein umtriebiger und renommierter Architekt, der sich auch als Herausgeber der „Allgemeinen Bauzeitung" einen Namen gemacht hatte (siehe S. 54).

▲ Die reich verzierten balkontragenden Voluten sind schon dem frühen Historismus zuzurechnen

Ludwig Pereira-Arnstein wiederum spielte eine wichtige Rolle in der Frühphase des aufkommenden Kapitalismus in Österreich. Geimeinsam mit Bernhard Eskeles, einem Mitbegründer der Oesterreichischen Nationalbank, war Pereira Gesellschafter des Bankhauses Arnstein & Eskeles. Als Verwaltungsrat der Staatsbahngesellschaft hatte er maßgeblichen Anteil am Aufbau des österreichischen Eisenbahnnetzes. Außerdem war er politisch aktiv und saß ab 1845 im Niederösterreichischen Landtag.

Obzwar das Palais Pereira noch als spätklassizistischer Bau zu werten ist, so sind doch schon Details des Romantischen Historimus erkennbar. Die breit gelagerte Fassade weist einen siebenachsigen Mittelrisalit auf, dessen additiv gereihte Fenster mit kannelierten Blattkapitellpilastern als Rahmen versehen wurden, während die Fenster der Seitenteile schlichter gehalten sind. Der dreiachsige Balkon über dem Eingangsportal ruht auf volutenverzierten, kannelierten Konsolen. Gestaltungselemente dieser Art wurden kurze Zeit später

▲ Kannelierte Pilaster mit Blattkapitellen als Fensterrahmen unterstreichen den hohen repräsentativen Anspruch Pereiras an die Fassade seines Palais

im Romantischen Historismus verstärkt eingesetzt. In den Rundbogenarkaden der Sockelzone sind Geschäftslokale untergebracht. Hier eröffnete 1850 Franz Sacher ein Delikatessengeschäft und eine Weinstube. Sacher war der Erfinder einer der berühmtesten Konditoreikreationen der Welt, der Sachertorte. Diese soll er im Jahre 1832 als Sechzehnjähriger in den Diensten des Fürsten Metternich erfunden haben, als für die fürstliche Abendgesellschaft ein spezielles Dessert gewünscht wurde und Sacher für seinen erkrankten Küchenchef einspringen – und improvisieren – musste.

K.K. Hofkammerarchiv

(1843–1844)

1010 Wien, Johannesgasse 6

Seit dem Ende des 15. Jahrhunderts besaß das Benediktinerkloster „Mariazell in Österreich“ im Triestingtal (auch Kleinmariazell genannt), so wie etliche andere Stifte und Klöster auch, einen Hof in Wien. Ein Streit

◀ Paul Sprengers Entwurf der Hofkammerarchivfassade ist für einen Bau der Wiener Beamtenarchitektur recht lebhaft strukturiert

unter den Mönchen führte im November 1782 zur Aufhebung durch Kaiser Joseph II., das Klostervermögen wurde aufgeteilt. Ein Teil ging an den sogenannten Religionsfonds, einem aus der Veräußerung von klösterlichem Besitz gespeisten staatlichen Fonds zur Finanzierung von Pensionen für ehemalige Ordensangehörige, zur Errichtung neuer Pfarren oder zur Erfüllung von Bildungaufgaben. Das Inventar der Klosterbibliothek wurde dem Stift Lilienfeld überantwortet und der Kleinmariazellerhof in Wien ging an das Stift Kremsmünster. In dessen Besitz verblieb die Liegenschaft bis 1827. Dann wurde sie an den Staat verkauft und geteilt. Der eigentliche Kleinmariazellerhof, ein an der Annagasse gelegener barockklassi-

▲ Deutliche plastische Elemente kennzeichnen die Straßenfront des Archivgebäudes

zistischer Komplex, der 1768 nach Plänen von Daniel Dietrich unter Einbeziehung älterer Gebäudeteile errichtet worden war, wurde zur niederösterreichischen Zivilbaudirektion.

Weil zu Beginn der 1830er Jahre die Räumlichkeiten des Hofkammerarchivs im Osttrakt des ehemaligen Hofspitals am Minoritenplatz die Bestände nicht mehr fassen konnten, wurde ein Teil davon in den Kleinmariazellerhof transferiert. Allerdings erschien eine Verteilung des Archivs auf mehrere Gebäude auf Dauer als unpraktische Lösung. So wurde die Errichtung eines Neubaus beschlossen und der Hofbaurat Paul Sprenger mit der Planung dafür beauftragt. Das neue Hofkammerarchiv sollte im Johannesgassentrakt des Kleinmariazellerhofs entstehen. Dazu wurde erst 1842 das sogenannte Stöckl abgerissen und 1843–44 Sprengers Neubau unter Berücksichtigung bestehender Bauteile errichtet.

Im Wesentlichen ist das Hofkammerarchivgebäude ein prototypischer Bau am Übergang vom späten Klassizismus zum Romantischen Historismus. Das fünfgeschoßige Gebäude ist durch dicht angeordnete vertikale Fensterachsen mit Segmentbogenädikulafenstern charakterisiert, die mit flachen Verdachungen auf Volutenkonsolen versehen sind. Das markante Rundbogenportal setzt einen zusätzlichen Akzent im genuteten Sockel mit seinen rustizierten Rundfenstern. Ein auskragendes Kranzgesims mit Zahnschnittfries schließt die Attikazone ab. Im Inneren ist das spätgotische Relief von 1482 von besonderem Interesse. Von 1832 bis 1856 war der wichtigste klassische Dichter Österreichs, Franz Grillparzer, Direktor des Hofkammerarchivs.

Josef Kornhäusels Stadttempel ist einer der bemerkenswertesten Synagogenbauten des Klassizismus und glücklicherweise im Original erhalten geblieben (siehe auch S. 141 ff.)

Architekten und bildende Künstler des Klassizismus und Biedermeier

Architekten

Bildhauer

Maler

Die durchgängig polychrome Gestaltung der Altlerchenfelder Kirche ist einzigartig in Wien (siehe auch S. 56 ff.)

Ädikula. Einhausung, meist einem kleinen Tempelportal nachempfunden. Häufig mit kleinen Säulen und einem Giebel versehen. In der entstehenden Nische befinden sich oft Statuen oder Reliefplatten. Ädikulafenster sind eine beliebte und verbreitete Fensterform im Historismus; dabei sind die Fenster im Allgemeinen von Säulen und Giebeln umrahmt.

Attika. Aufsatz oder Aufbau über dem Dachgesims. Das Attikageschoß ist eine Art Dachgeschoß, oft etwas zurückgesetzt. **Attikabalustrade**: eine Brüstung über der Traufkante.

Balustrade. Brüstung aus niedrigen Einzelsäulen, die im Allgemeinen auf einem Postament stehen und von einem Handlauf bekrönt sind.

Cella. Innenraum eines griechischen oder römischen Tempels.

Eierstab/Kymation. Zierleiste mit ovalen Ornamentierungen an Fassaden oder Säulen.

Enfilade. Zimmerflucht, mit der ein spezielles Raumerlebnis erzeugt wird. Die Türen sind dabei so angeordnet, dass sie in geöffnetem Zustand den Blick durch alle Räume bis zur Wand des letzten Zimmers oder Saales ermöglichen.

Feston. Girlanden-Zierrat, an Gebäuden meist reliefartig; häufig nach Band-, Blumen-, Blüten-, Blatt- und Früchtefestons zu unterscheiden.

Fries. Ein dekorativer, häufig reliefartiger Streifen an der Wand oder Fassade eines Bauwerks. Dient oft zur Gliederung oder als oberer Abschluss eines Baus (unter dem Dachgesims).

Historismus. Eine Stilrichtung in der bildenden Kunst und Architektur, die im 19. Jahrhundert entstand, sich an vergangenen Epochen orientierte und Anleihen an deren Stilmitteln nahm. Die am häufigsten vorkommenden Stile im Historismus waren Neoromantik, -gotik, -renaissance, -barock, -klassizismus. Renate Wagner-Rieger, eine österreichische Kunsthistorikerin, der die wohl umfassendste kunsthistorische Aufarbeitung der Wiener Ringstraße zu verdanken ist, hat den Historismus der Wiener Ringstraße in drei Phasen unterteilt:

- **Romantischer Historismus.** Die frühe Phase, oft noch sehr nahe am späten Klassizismus.
- **Strenger Historismus.** Die Wiener Form der Neorenaissance. Eine sehr selbstbewusste Adaption vor allem der italienischen Renaissance.
- **Späthistorismus.** Die schon sehr verspielte, eher rückwärtsgewandte Phase, die sich in neobarocken, üppigen Formen äußert.

Kämpfer. Aus der Mauer kragender Tragstein, der auf einer Säule, auf einem Pfeiler oder einem Kapitell liegt.

Kannelierung. Senkrechte, konkave und regelmäßige Furchen in Säulen und Pilastern.

Kapitell. Kopf oder oberer Abschluss einer Stütze (Säule, Pfeiler, Pilaster) zur Erweiterung des Auflagers. Kapitelle sind je nach Stilrichtung unterschiedlich gestaltet (z. B. dorisch, ionisch, korinthisch). Siehe Säulenordnung.

Kenotaph (auch Scheingrab). Ehrenmal für Verstorbene, Grabmahl ohne sterbliche Überreste.

Konche. Halbrunde (concha = Muschel) Nische, die oben meist mit einer **Kalotte** (Halbkuppel) abgeschlossen ist.

Konsole. Aus der Wand ragender Kragstein, meist Träger für andere Bauteile, wie Gesimse, Bögen, Balkone, Figuren etc.

Laterne. Offener runder oder polygoner Dachaufsatz, häufig auf Kuppeln, um den darunterliegenden Raum zu belichten. Wenn die Laterne mit Fenstern (also Glasscheiben) versehen ist, spricht man von einer durchfensterten Laterne.

Lisene. Mauerblende, leicht hervortretende vertikale Verstärkung der Wand.

Lünette/Lunette. Halbkreisförmiges gerahmtes Wandfeld über einer Tür oder einem Fenster, häufig mit Malerei, Mosaik oder Relief ausgefüllt.

Metope. Der Platz zwischen zwei Triglyphen beim dorischen Fries.

Pfeiler. Senkrechte, im Allgemeinen eckige Stütze mit tragender Funktion. Runde Stützen sind im Allgemeinen Säulen, wiewohl auch der Begriff Rundpfeiler existiert.

Pilaster. Halb- oder Teilpfeiler. Kann tragende Funktion haben oder nur dekorativ sein. Pilaster sind wie Säulen häufig kanneliert. Der obere Abschluss (Halbkapitell) folgt im Allgemeinen der Säulenordnung (siehe Säulen).

Portikus. Säulengang oder Säulenhalle. In der neuzeitlichen Architektur meist eine dem Gebäude (oftmals dem Hauptportal) vorgestellte, repräsentative Säulenhalle.

Retabel. Altaraufsatz.

Riesenpilaster. Pilaster, die über mindestens zwei Geschoße reichen.

Riesensäulen. Säulen, die über mindestens zwei Geschoße reichen.

Risalit. Gebäudeteil, der aus der Gebäudeflucht vorkragt. Ein überhöhter Risalit ist auch höher als die ihn umgebenden Gebäudeteile. Ein seichter Risalit kragt nur wenig vor.

Rosette. Rundes oder halbrundes Dekorelement, meist mit floralen oder blattförmigen Motiven, häufig stuckiert.

Rustizierung. Fassadenoberfläche, bei der die einzelnen Lagen durch starke Fugen sehr deutlich getrennt sind.

Säulen. Im Allgemeinen runde, senkrecht stehende Stützen mit

Kapitellen als Abschluss. Die stilistische Einteilung folgt fünf klassischen Säulenordnungen.

Säulenordnung. Gliederungssystem der Säulen in der klassischen Antike und auch in der Renaissance. Die historistische Architektur folgte diesen Vorbildern.

- **Dorisch.** Die dorische Säule hat keine Basis, sie ist kanneliert. Das Kapitell besteht aus dem sogenannten **Echinus**, dem Abschluss, der entweder aus einem runden Wulst oder einem (verkehrten) Kegelstumpf besteht. Auf diesem liegt eine quadratische Deckplatte, der **Abakus**. Dorische Säulen sind eher breit und verjüngen sich nach oben.
- **Ionisch.** Die kannelierte Säule steht auf einer Basis, die im Allgemeinen aus einer quadratischen Bodenplatte und einem runden Wulst darüber besteht. Das Kapitell liegt auf dem Echinus, der im Gegensatz zu dem der dorischen Säulen schmal ausgeführt ist. Das Kapitell wird von seitlichen Voluten geschmückt. Ionische Säulen sind schlank und gerade.
- **Komposit.** Komposite Ordnung heißt ionische Voluten mit korinthischen Arkantusblättern. Die Säulen sind kanneliert.
- **Korinthisch.** Die Basis korinthischer Säulen entspricht im Wesentlichen der von ionischen. Die kannelierten Säulen sind breiter als die ionischen und tragen als Abschluss ein Kapitell aus Kränzen von je acht Arkantusblättern.
- **Toskanisch.** Toskanische Säulen (auch tuskisch oder etruskisch genannt) haben eine Basis, aber keine Kannelierung, die Kapitelle sind meist schmucklos.

Tympanon. Fläche für Dekor in Dreicksgiebeln.

Triglyphe. Platte am dorischen Fries mit zwei vollen inneren und zwei halben äußeren Rillen.

Vestibül. Repräsentative Vorhalle.

Voluten. Schneckenförmige Gebilde, wie beim ionischen Kapitell.

Zahnschnittfries. Ein ähnlich der Zackung bei einem Zahnrad gestalteter Fries aus gleichartigen, abwechselnd vor- und zurückspringenden rechteckigen Steinen. In der Antike in Konnex mit ionischen, korinthischen und römischen Säulenordnungen verwendet. Später dann in Romanik, Renaissance und Klassizismus.

Lite
ratur
muse
um
ÖSTERREICHISCHES STAATSARCHIV

◀ Im Hofkammerarchiv verbrachte Franz Grillparzer den Großteil seines Berufslebens (siehe auch S. 177)

Klassizistisches Pharmaziekleinod: die Originalausstattung der Alten Leopoldsapotheke (siehe auch S. 102 ff.)

Etwas abseits touristischer Pfade liegt die bemerkenswerte Griechisch-Orthodoxe Kirche zum Heiligen Georg (siehe auch S. 24 f.)

Zitate sind in der zeitgenössischen Originalschreibweise (inklusive Satzzeichen) wiedergegeben worden.

▶ Beim Palais Coburg treffen mittelalterliches (Bastei) und klassizistisches Wien unmittelbar aufeinander (siehe auch S. 169 ff.)

MDCCCLXIV.
PALAIS COBURG
RESIDENZ

Allgemeine Bauzeitung, Jg. 1836–1850
BDA: Dehio Wien, I. Bezirk; Wien 2007
BDA: Dehio Wien, II. bis IX. und XX. Bezirk; Wien 1993
BDA: Dehio Wien, X. bis XIX. und XXI. bis XIII. Bezirk; Horn 1996
Bernhard, Marianne: Das Biedermeier, Hermes Handlexikon; Düsseldorf 1983
Czeike, Felix: Geschichte der Stadt Wien; Wien 1981
Der österreichische Zuschauer: Zeitschrift für Kunst, Wissenschaft und geistiges Leben; Wien 1839
Düriegl, Günter et al.: Bürgersinn und Aufbegehren; Wien 1988
Düriegl, Günter et al.: Biedermeier in Wien; Mainz 1990
Eitelberger, Rudolf, Ferstel, Heinrich: Das bürgerliche Wohnhaus und das Wiener Zinshaus; Wien 1860
Endler, Franz: Wien im Biedermeier; Wien 1978
Feuchtmüller, Rupert, Marzek, Wilhelm: Biedermeier in Österreich; Wien – Hannover – Bern 1963
Feuchtmüller, Rupert et al.: Biedermeierausstellung 1962 – Friedrich Gauermann und seine Zeit; Wien 1962
Frodl, Gerbert: Wiener Malerei der Biedermeierzeit; Rosenheim 1987
Gaheis, Franz de Paula: Wanderungen und Spazierfahrten in die Gegenden um Wien; Wien 1.801 ff.
Geismeier, Willi: Biedermeier; Wiesbaden 1988
Gibbs, Helga: Leopoldstadt; Wien 1997
Habermas, Jürgen: Strukturwandel der Öffentlichkeit; Darmstadt 1962
Himmelheber, Georg: Kunst des Biedermeier 1815–1835; München 1989
Jurtschitsch, Georg: Geschichte der Babenberger und ihrer Länder; Innsbruck 1894
Kräftner, Johann: Klassizismus und Biedermeier; München – Berlin – London – New York 2004
Krüger, Renate: Biedermeier; Leipzig 1982
Laube, Heinrich: Reise durch das Biedermeier; Hamburg 1965
Leitich, Ann Tizia: Wiener Biedermeier; Bielefeld – Leipzig 1941
Mayer, Georg: Maria Beatrice d'Este (1750–1829) als Auftraggeberin zwischen Italien und Österreich; Wien 2012
Mittendorfer, Konstanze: Biedermeier oder das Glück im Haus; Wien 1991

Norman, Geraldine: Die Maler des Biedermeier 1815–1848; London – Freiburg 1987
Österr. Akademie der Wissenschaften: Historisches Ortslexikon; Wien 2015
Ottomeyer, Hans, Schlapka, Axel: Biedermeier, Interieurs und Möbel; München 1991
Ottomeyer Hans, Schröder, Klaus Albrecht, Winters, Laurie: Biedermeier. The Invention of Simplicity. Milwaukee – Ostfildern 2006
Pezzl, Johann: Skizze von Wien; Wien und Leipzig 1786
Pichler, Caroline: Denkwürdigkeiten aus meinem Leben, Band I; Wien 1844
Pichler, Caroline: Denkwürdigkeiten aus meinem Leben, Band IV; Wien 1844
Pötschner, Peter: Wien und die Wiener Landschaft; Salzburg 1978
Preßburger, Siegfried: Das österreichische Noteninstitut; Wien 1959
Rochard, Patricia et al.: Biedermeier in Wien; Mainz 1990
Schmid, Michael: Die Wiener Ringstraße, Band 2; Wien 2013
Schweighofer, Astrid: Religiöse Sucher in der Moderne; Berlin/München/Boston 2015
Sealsfield, Charles: Österreich, wie es ist; London 1828, Wien 1997
Stifter, Adalbert: Die Sonenfinsternis am 8. Juli 1842; Ebenhausen 1968
Strondl, Ruth: Der Theseustempel; Wien 2010
Telesko, Werner: Kulturraum Österreich; Wien Köln Weimar 2008
Toman, Rolf (Hg.): Klassizismus und Romantik; Potsdam 2015
Veigl, Hans: Der Friedhof zu St. Marx; Wien 2006
Vorderwinkler, Franz: Kirchen in Wien; Klosterneuburg 2000
Waissenberger, Robert: Klassizismus in Wien; Wien 1978
Waissenberger, Robert: Wien 1815–1848, Bürgersinn und Aufbegehren; Wien 1986
Weis, J. B.: Der österreichische Volksfreund; Wien 1830
Werner, Elisabeth: Das Reiterstandbild Josephs II. am Josefsplatz in Wien; Wien 2013
Wiener Zeitung
WienGeschichteWiki: wien.at
Witzmann, Reingard: Freundschafts- und Glückwunschkarten aus dem Wiener Biedermeier; Düsseldorf 1979

Charles Moreau widmete beim Banco-Gebäude selbst kleinen Details wie den Fenstergiebeln große Aufmerksamkeit (siehe auch S. 122 ff.)

Bildnachweis: alle Bilder Michael Schmid außer:

S. 11: Josef Trentsensky (Lithographie): Wien vom Fürst Schwarzenberg Palais aus

S. 45: Rudolf v. Alt (Entwurf), Franz Xaver Sandmann (Lithographie): Jägerzeil

S. 91: zeitgenössischer anonymer Druck: Albrecht, Erzherzog von Österreich (inkl. eigenhändige Originalsignatur)

S. 98: Kunstanst. d. Bibl. Inst. in Hildbh. (Lithographie): Die Hofburg in Wien

S. 132: Rudolf v. Alt (Entwurf), Franz Xaver Sandmann (Lithographie): Der Volksgarten

S. 137: Franz Xaver Sandmann (Lithographie): Das Schottenthor

Alle zeitgenössischen Originale aus Privatbesitz.

Ruth Simsa

Michael Schmid

hat ein Wirtschaftsstudium absolviert und einige Zeit als freier Journalist gearbeitet, bevor er ins Marketing ging, um danach für etliche Jahre in die Werbung zu wechseln.

Seit seinem Rückzug aus der Werbung hat Schmid acht Jugendbücher und einen Krimi veröffentlicht. Im echomedia buchverlag erscheint von Michael Schmid die Reihe der Wiener Kunst- und Kulturführer. Auf Gustav Klimt in Wien folgte ein dreibändiger Führer zur Wiener Ringstraße, der schon nach kurzer Zeit zum Standardwerk über die Wiener Ringstraße wurde. Seither erschienen ein Führer zum Werk Josef Hoffmanns in Wien und einer zur Architektur in Hietzing. Mit diesem ersten Band zur Baukunst des Wiener Biedermeier und Spätklassizismus wird die Reihe fortgesetzt. Band 2 stellt die bedeutendsten Objekte in den übrigen Wiener Bezirken sowie biedermeierliche Denkmäler und Parkanlagen vor.

Parallel dazu ist Schmid als Photograph tätig. Seine Bilder und Photokunstprojekte sind regelmäßig in Ausstellungen im In- und Ausland zu sehen (www.schmid-photography.com).

Schmid lebt und arbeitet in Wien und in der Steiermark.

Die Wiener Ringstraße in 3 Bänden

Die Wiener Ringstraße ist ein einzigartiges Gesamtkunstwerk. Nirgendwo sonst auf der Welt gibt es einen vergleichbaren geschlossenen Prachtboulevard des Historismus. Der dreibändige, durchgängig bebilderte Kunst- und Kulturführer „Die Wiener Ringstraße" präsentiert alle Gebäude und Denkmäler rund um den Ring. Zugleich bietet er auch Einblick in eine spannende Epoche der Weltgeschichte. Das Standardwerk zum Entdecken der Wiener Ringstraße für Wiener und Wien-Besucher!

Band 1: Von Stubenring bis Kärntner Ring
ISBN 978-3-902900-04-3, 176 Seiten, € 14,90
Band 2: Von Karlsplatz bis Burgring
ISBN 978-3-902900-18-0, 176 Seiten, € 14,90
Band 3: Von Dr.-Karl-Renner-Ring bis Schottenring
ISBN 978-3-902900-25-8, 224 Seiten, € 14,90

echomedia
BUCHVERLAG
www.echomedia-buch.at